TRANSPARENT

Band 3

V&R

Kurt Lückel, geb. 1935, verheiratet, zwei Kinder, ist Klinikseelsorger in Bielefeld, Ausbilder in Klinischer Seelsorge am Seelsorgeinstitut Bethel und Lehrtherapeut in Integrativer Therapie – Gestalttherapie am Fritz-Perls-Institut Düsseldorf

Kurt Lückel

Geschichten erzählen vom Leben

Hinterfragte Lebensmuster

Dritte Auflage

Vandenhoeck & Ruprecht
Göttingen · Zürich

Für meine Frau

Die Deutsche Bibliothek – CIP-Einheitsaufnahme

Lückel, Kurt:
Geschichten erzählen vom Leben : hinterfragte Lebensmuster /
Kurt Lückel. – 3. Aufl. – Göttingen; Zürich :
Vandenhoeck und Ruprecht, 1997
(Transparent ; Bd. 3)
ISBN 3-525-01800-2
NE: GT

Umschlaggestaltung: Rudolf Stöbener, Göttingen

Umschlagabbildung:
Hans Gottfried von Stockhausen, Flügelstab.
1980. Überfangglas, Blei. 50 × 60 cm. Privatbesitz

Printed in Germany
Schrift: Palatino
Gesamtherstellung: Hubert & Co., Göttingen
Gedruckt auf chlor- und säurefreiem Papier

Inhaltsverzeichnis

Vorwort

»Geschichten vom Leben« kann jede(r) erzählen: von Familienkonflikten, von Konkurrenz am Arbeitsplatz, vom Zwang, immer der Erste sein zu wollen. Solche und viele andere Geschichten habe ich in der Bibel entdeckt und konfrontiere sie in meinen Predigten mit eigenen Lebensgeschichten, eigener Erfahrung mit Gott und den Menschen – aber auch mit den Erfahrungen der Menschen, zu denen ich rede. Dabei werden eigene und fremde Lebensmuster hinterfragt, so daß ähnliche oder neue Erfahrungen mit dem Leben, mit sich selbst, mit anderen und mit Gott möglich werden können.

In der Regel stehen in meinen Predigten biblische *Geschichten* im Mittelpunkt. Biblische Geschichten erzählen vom Leben, sind Lebensgeschichten, die sich erzählen und nachvollziehen lassen. Deren Haupt- und Randfiguren mit ihrem Lebensschicksal, ihrer Tragik, ihrem Lebensmut, ihren Konflikten, ihrer Liebe, ihrem Haß, ihren Überlebensstrategien und Lebensmustern, ihrer Beziehung zu anderen, zu sich, zur Welt und in dem allem in ihrer Beziehung zu Gott bieten sich an zur möglichen (teilweisen) Identifikation oder Abgrenzung. Ihre Lebens- und Glaubenserfahrungen sind meist individuell und typisch zugleich. Ihre Lebenszusammenhänge, ihre familiäre, ihre gesellschaftliche, soziale und politische Verflochtenheit zeichnen Grundzüge menschlicher sozialer Wirklichkeit nach. In ihnen können wir uns wiederfinden. Ihre Geschichten deutend und verknüpfend nachzuerzählen lädt ein, analoge Erfahrungen zu machen.

Biblische *Geschichten* sind keine Gesetze, keine Vorschriften, keine bürokratischen Anordnungen. Sie lassen Zwischenräume. Man wird nicht »definiert«. Es bleibt uns überlassen, uns lose oder fest, näher oder ferner mit ihren Personen und Schicksalen zu befassen. Manchmal sind es die Nebensätze, die Nebenfiguren, die Nebenschauplätze, die uns unseren Ort anbieten, die uns zur Auseinandersetzung provozieren, die uns unsere Ambivalenz aufzeigen, Lösungen andeuten, Mut machen, uns zu Tränen rühren, uns erschrecken lassen oder trösten, zum Lachen anstiften, zum Protest herausfordern, zum Nachdenken anregen, zu Entscheidungen ermutigen, Vertrauen ermöglichen, uns Handlungs- und Lebensgestaltungsmöglichkeiten eröffnen.

Der besondere Ort, an dem diese »Geschichten vom Leben« erzählt werden, ist die Psychiatrie, also einer jener Orte in unserer Gesellschaft, an dem in besonderer Weise menschliche Lebenskrisen erfahren, erlitten, ausgehalten, durchkämpft und in einem oft jahrelangen Prozeß mühsam ins Leben integriert werden müssen. Seit Jahrhunderten gibt es eine »Wand« des Nichtverstehens und der Ausgrenzung zwischen den sogenannten Gesunden und den Menschen mit psychischer Erkrankung. Die hier vorgelegten Predigten sind ein Versuch, diese Wand des Nichtverstehens und der Ausgrenzung etwas durchlässiger zu machen, indem die Lebenserfahrungen der Menschen diesseits und jenseits der Wand miteinander ins Gespräch gebracht werden. *Diesen* Aspekt der »Geschichten vom Leben« und mein Anliegen im Blick auf ihre Veröffentlichung habe ich in einem *Nachwort* ausführlich dargelegt.

Bielefeld, den 17. März 1993 Kurt Lückel

Der Zweifler und der Verletzliche – Geschichte einer Begegnung

Johannes 20,24–29

Und nach acht Tagen waren die Jünger Jesu wieder versammelt und Thomas war bei ihnen. Jesus kam, als die Türen verschlossen waren, trat in die Mitte und sprach: Friede sei mit euch!
Dann sagte er zu Thomas:
Reiche deinen Finger hier her und siehe meine Hände, und reiche deine Hand her und lege sie mir in die Seite, und sei nicht ungläubig, sondern gläubig.

Es gibt biblische Geschichten, die ungerufen auftauchen. Man kennt sie schon lange. Man meint, sie zu kennen. Und plötzlich fangen sie neu an zu reden.

So ist es mir mit dieser Geschichte ergangen. Ich kenne sie schon lange, seit meiner Kindheit und Jugend. Ich habe viele Auslegungen dazu gelesen und gehört. In der Erinnerung hatten alle diese Auslegungen und Predigten einen Unterton: Da ist einer, der zweifelt. Und Zweifel darf nicht sein. Jesus geht zwar freundlich auf den Zweifler ein. Aber eigentlich rückt er ihm den Kopf zurecht. Er soll gefälligst glauben, auch wenn er nicht sieht. In der christlichen Gemeinde ist Glaube angesagt und nicht Zweifel. Wer zweifelt, stört die Glaubensharmonie und muß unbedingt überzeugt werden!

Ich selbst mit meinen Zweifeln hatte in dieser Geschichte nur diesen undankbaren Platz. Denn der Unterton in all den Predigten sagte mir: Du mußt glauben, wie Vater, Mutter, Schwestern, Brüder, eben wie alle anderen auch, erst dann bist du richtig. Mit deinen Zweifeln bist du Außenseiter. Es sei denn, Jesus käme auch zu dir und würde dir den Kopf zurechtrücken wie damals dem Thomas.

Die Geschichte war damit für mich lange Zeit ausgebrannt, hatte keine Botschaft mehr für mich, und ich habe sie links liegenlassen. Aber in letzter Zeit habe ich neue Erfahrungen mit dieser Geschichte gemacht, ungerufen war sie da. Und sie hat neu zu mir gesprochen:

Die *erste* Erfahrung verdanke ich einer Gesprächsgruppe in einem unserer Häuser, in der wir über Lebens- und Glaubensfragen sprechen: Wir sitzen zu sechst in der Runde. Die TeilnehmerInnen kennen sich schon länger. An diesem Abend sagt einer: »Ich muß immer zweifeln ... Ich komme zwar immer hierher, aber ich gehöre gar nicht hierhin.« Durch Rückfragen kommt heraus, daß ihn gar nicht so sehr Glaubenszweifel im religiösen Sinne quälen. Es sind vor allem Selbstzweifel, Zweifel, ob sein Leben jemals wieder anders wird; Zweifel, ob es wohl einen Menschen gibt, der ihn mag und versteht.

Da sagt eine Teilnehmerin zu ihm: Du bist ja wie Thomas der Zweifler in der Bibel. Zu dem kam Jesus extra (sie lacht dazu). Der kriegte eine Extrabedienung.

Die Geschichte von Thomas, dem Zweifler, interessiert bald alle in der Gruppe. Wir lesen sie. Und wir kommen in einem längeren Gespräch zu der Frage: Was hat eigentlich den Thomas überzeugt? Was hat seine Lebensführung schließlich verändert?

Zunächst herrscht die Meinung vor: Überzeugt hat ihn, daß Jesus eigens zu ihm kommt, zu ihm, dem Zweifler. Er ist ja doch Außenseiter in der Gruppe. Unter all den Überzeugten und Glaubenden ist er als Zweifler doch Außenseiter. Und nun kommt der, an dem er zweifelt, eigens zu ihm und wirbt um ihn vor aller Augen. Das wertet ihn doch sehr auf!

Aber während wir noch darüber reden, sagt eine Frau plötzlich dazwischen: Ja, aber Jesus zeigt dem Thomas doch seine Wunden, seine Verletzungen. So etwas mache ich nicht mit jedem. Ich meine, das waren doch ganz schlimme körperliche Verletzungen. Und das waren doch auch ganz schlimme seelische Verletzungen. Ich meine, was die dem alles angetan hatten. – Und das alles zeigt er doch dem Thomas. Ich meine, so etwas zeigt man doch nur einem Menschen, dem man vertrauen kann und der einem sehr nahesteht. Das hätte mich auch »umgehauen«, daß der so ein Vertrauen zu mir hat. Das ist doch wie in einer Familie (sie lacht), ich meine, wie in einer *guten* Familie ...

In diesem Augenblick beginnt »unser Thomas« heftig zu weinen, sagt immer wieder: Nein!, nein! In meiner Familie war es nie so! Da konnte man seine Verletzungen nicht zeigen. Mein Vater war immer überlegen, ironisch, von oben herab. Wenn mir etwas weh tat, wenn ich Probleme hatte, sagte er nur: Stell Dich nicht so an.

Und dann hat er noch einiges mehr von sich und seinem Leben erzählt. Und es wurde deutlich: Hinter seinen Zweifeln, hinter seinen Selbstzweifeln und Lebenszweifeln stehen ganz tiefe Verletzungen. Deshalb sei er auch oft so mißtrauisch und wisse nicht, wem er sich anvertrauen könne. Und er könne es immer wieder kaum glauben, daß jemand wirklich ihn meint.

Und das Gespräch in unserer Runde ergab, daß er mit solchen Erlebnissen nicht alleinsteht.

So hatte ich die Geschichte von Jesus und Thomas bisher noch nie gehört und noch nie erlebt. Ich hatte Thomas neu verstanden: Daß nämlich hinter seinem Zweifel tiefe Verletzungen sein können. Und: Ich hatte Jesus neu verstanden. Er kommt nicht als der Überlegene, der etwa Thomas den Kopf zurechtrücken und ihm den Zweifel austreiben will. Nein, er kommt als der Verletzliche! Er zeigt Thomas das, was man nur einem Menschen zeigt, dem man ganz tief vertraut: seine Verletzungen. Er tut dies, damit Thomas erkennen kann, wer er wirklich ist. – Der Lebendige ist der Verletzliche. Das ist eine ganz neue Weise der Begegnung, daß einer sich dem anderen mit seinen Verletzlichkeiten anvertraut. Und das ist es, woran Thomas ihn wiedererkennt und was ihn überzeugt.

Wir haben dann darüber gesprochen, daß man seine Verletzungen nicht jedem zeigen kann, daß man sich auch schützen muß, und daß man längst nicht jedem Menschen gegenüber offen sein kann und soll. Aber immer wieder kamen wir darauf zurück, darüber nachzudenken, welche Auswirkungen das hat, wenn Menschen sich gegenseitig mitteilen können, was sie verletzt. Und wie wichtig das ist gerade für Menschen, die sich lieben, sich so etwas sagen zu können. Und wie oft Liebe daran scheitert, daß Menschen sich gegenseitig das nicht sagen können. Und daß Krieg und Aufrüstung zwischen Völkern auch sehr viel damit zu tun haben, daß man sich gegenseitig als die Starken, Stolzen, Überlegenen aufspielen muß, nur um nicht zu zeigen, daß man verletzlich ist und Angst voreinander hat. Was dagegen für ein anderes Klima des Umgangs entstehen kann, wenn Menschen sich begegnen wie damals Jesus und Thomas.

Das war die erste neue Erfahrung, die ich mit dieser Geschichte gemacht habe. Die Geschichte von Thomas und Jesus hat neu angefangen, zu mir zu sprechen.

Die *zweite* Erfahrung ist ähnlich und fügt für mich doch noch etwas Entscheidendes hinzu. Und deshalb will ich sie erzählen. In einer Gruppe mit etwa 15 Teilnehmern (Diakone, Pfleger, ÄrztInnen, PfarrerInnen, PädagogInnen) spielen wir biblische Geschichten. Da sagt der älteste Teilnehmer, ein Pfarrer: Ich möchte die Geschichte von Thomas dem Zweifler spielen. Und ich möchte Thomas der Zweifler sein.

Auf die Rückfrage, warum er gerade diese biblische Figur wählt, erzählt er, sein Großvater sei Pfarrer gewesen, sein Vater ebenso, und er sei nun Pfarrer. In seiner Familie sei immer der »Glaube« hochgehalten worden. Und in seinem Beruf müsse er dauernd den Glauben hochhalten. Dabei sei er innen voller Zweifel. Jetzt möchte er einmal das spielen, was er in seiner Umgebung nie sein könnte: Den Zweifler.

Da sagt eine junge Frau: Ich möchte Jesus spielen. Und als Erklärung fügt sie gleich hinzu: Mir ist in letzter Zeit etwas klargeworden über meine Zweifel. Und das möchte ich Thomas, dem Zweifler, sagen. Aber ich will es nicht vorweg verraten.

Dann schaffen wir uns eine kleine Bühne und richten die Szene provisorisch ein: Ein Raum, in dem die Jünger hinter verschlossenen Türen versammelt sind. Da sitzt nun »Thomas« mitten unter all den anderen »Jüngern«, die reden auf ihn ein: »Wir haben ihn wirklich gesehen! Du kannst uns glauben!« Aber Thomas wehrt sich: Nein! Ich glaube nur, was ich selber sehe! Ich will mich nur auf das verlassen, was ich selbst erlebt und erfahren habe! Eure Begeisterung und eure Euphorie machen mich eher skeptisch!

Und dann kommt der Augenblick, da tritt »Jesus« in die Mitte, Jesus in Gestalt jener jungen Frau, und sagt in das Stimmengewirr hinein: Friede sei mit euch. – Und alle werden still. Und dann zu Thomas gewandt: Thomas, deinetwegen bin ich gekommen. »Thomas« steht auf und will gleich zu Jesus hin. Aber »Jesus« (in Gestalt dieser Frau) sagt zu ihm: Einen Augenblick noch, ich möchte dir erst etwas sagen. Und das sollen alle anderen auch hören.

Thomas, du weißt, ich habe deine Fähigkeit zu zweifeln immer geschätzt. Ich habe dich gebraucht mit deinem unbestechlichen kritischen Verstand. Auch deshalb habe ich dich damals in meine Jüngerrunde berufen: Einen, der es wagt, sich auf seinen Zweifel zu verlassen. Dazu gehört Mut unter all den Gläubigen, Leichtgläubigen und Strenggläubigen! Aber ich kenne auch die Kehrseite. Ich weiß auch, wie einsam du oft damit warst und bist – mit deinem Zweifel. Ich habe gespürt: Du warst manchmal mitten unter all den Menschen allein, einsam in deinem Herzen. Ich fühle mich mit dir sehr verbunden. Ich brauche die Beziehung zu dir. Und deshalb bin ich jetzt da, Thomas.

Alle in der Runde sind bewegt.

Und dann hält »Jesus« (in der Gestalt jener Frau) ihm die Handflächen entgegen und lädt ihn ein: Komm, Thomas, überzeug dich selbst!

Da kommt »Thomas« ganz behutsam, und als er die Handflächen berühren will, zuckt »Jesus« zusammen, und sagt: Es tut noch weh, Thomas, es hat noch lange weh getan.

Daraufhin sagt »Thomas« nicht: »Mein Herr und mein Gott«. Nein, »Thomas« nimmt diesen »Jesus« ganz behutsam in die Arme und sagt: Jetzt spüre ich, daß du es bist. Wie gut, daß du es bist.

Das biblische Spiel ging noch weiter. Ich breche hier ab. Denn dies war das Wichtigste.

Dies war meine zweite neue Erfahrung mit dieser Geschichte von Jesus und Thomas. Sie hat mich sehr bewegt. Und bewegt mich immer noch. Was »Jesus« (in Gestalt dieser Frau) dem

»Thomas« über seinen Zweifel sagt: Deine Zweifel sind nicht nur geduldet, sondern du bist mit deiner Fähigkeit zu zweifeln *erwünscht,* aber ich sehe auch deine Not und deine Einsamkeit, die dahintersteckt. – Dies alles war Wort für Wort wie zu mir selbst gesprochen. So etwas hatte mir bis dahin noch nie jemand im Blick auf meinen Zweifel gesagt.

Und auch das andere ist mir an diesem biblischen Spiel unvergeßlich: Ich hatte noch nie bisher so leibhaftig miterleben können, was das heißt: Jesus kommt zu uns als der Verletzte und Verletzliche. Die alte Geschichte hat da zum zweiten Mal neu zu mir gesprochen. Und gewiß hat sie dadurch nicht nur für mich einen anderen Klang bekommen, sondern auch für die anderen, die das miterlebt haben.

Liebe und Zumutung

Markus 10,17–22

Als Jesus sich auf den Weg machte, lief einer herzu, warf sich vor ihm auf die Knie und fragte ihn: Guter Meister, was muß ich tun, damit ich das ewige Leben ererbe?!

Diese Geschichte bewirkt Widersprüchliches: Sie fasziniert mich, und sie erschreckt mich zugleich. Sie beginnt so hoffnungsvoll und endet (scheinbar) so bedrückend. Auf jeden Fall denke ich: Hier wird *mein* Thema verhandelt. Nämlich: Was ist eigentliches, wirkliches Leben? Ich erkenne in dem Mann, der da nach dem Leben fragt, auch mein Porträt, etwas von mir selber.

Zunächst einmal ist er ein Unbekannter. Und er bleibt auch namenlos, vielleicht nicht zufällig, so kann man (probeweise) den eigenen Namen einsetzen, wenn von ihm die Rede ist. Die Bekanntschaft mit ihm allerdings beginnt sehr überraschend und für unser Empfinden auch etwas fremdartig. »Da läuft einer herzu«, heißt es, und ehe man genau hingeschaut hat, liegt er vor Jesus auf den Knien im Staub der Straße. Und aus dem Staub herauf hört man seine Frage: »Guter Meister, was muß ich tun, daß ich das ewige, das wirkliche Leben ererbe?«

Und indem man das hört, sehen alle, die dabeistehen: Dieser Mann *hat* doch alles, der ist doch einer von den Hochbegüterten dieses Landes. Das sieht man ihm doch an, an seiner Kleidung, an der Kostbarkeit der Stoffe, an den wertvollen Ringen, die er an der Hand trägt. Vielleicht ist es der Mann aus der weißen Villa dort oben am Hügel unter dem Schatten der Zypressen mit dem Springbrunnen davor ... Der kann sich doch alles leisten, alles kaufen, der kann doch aus der Fülle leben! Was will der noch mehr?

Aber er – will noch mehr. Er ist reich, aber das reicht nicht. Er lebt in der Fülle der Güter, aber das ist nicht die Fülle des Lebens. Das ist eher wie Lebens-Ersatz (für ihn). Da bleibt Hunger nach ... ja, wonach?

Ich denke, wir können das heute gut nachempfinden. Wir leben in der Fülle der Güter und des immer noch steigenden Lebensstandards und des privaten Reichtums. Wir kennen das Lebensgefühl: Ich muß immer mehr, mehr, mehr haben. Und je mehr man hat, um so größer wird der Sog, noch mehr zu haben. Wenn es uns morgen gutgehen soll, dann muß es uns besser gehen als heute. Das ist die Grundeinstellung in unserer Gesellschaft und in unserer Wirtschaftsordnung, die wir alle mitbetreiben und mitverantworten.

Das fängt bei unseren Kindern an, dieses Mehr, Mehr, Mehr – und die Erwachsenen machen es ihnen vor. Daß man denkt: Wenn ich mir *das* noch leisten kann! Oder: Wenn ich das erreicht habe, *dann* beginnt das Leben, und wir stellen fest, habe ich es erreicht, muß ich Neues haben. Und so leben wir oftmals hinter dem Leben her. Und man spürt zugleich: wie uns dieses Leben im ständigen »Sog nach Mehr« innen merkwürdig leer läßt. Und häufig wird die Sorge um das, was wir haben, um so größer, je mehr wir haben. Innere Leere im Überfluß, innere Unruhe – Signale für nicht-gelebtes Leben.

»Guter Meister, das kann doch nicht das Leben sein, das eigentliche Leben, biblisch gesprochen: Das Leben aus der Quelle, aus Gott, das ewige Leben ... Was muß ich tun, damit ich dieses eigentliche Leben erbe, das den Namen ›Leben‹ verdient?« Man merkt, wie dieser Mann sucht und sucht und umgetrieben ist von dieser Frage nach dem wirklichen Leben. Und je öfter ich mich in diese Situation damals hineindenke, sie vor mir sehe: Der reiche Mann da am Boden, der alles sonst vergißt, der nicht mehr danach fragt, was die Menschen wohl über ihn denken mögen, dahingeworfen mit der letzten Frage seines Lebens – um so mehr verblüfft mich die Art, wie Jesus darauf reagiert. Geradezu nüchtern, trocken, distanziert. Er holt den jungen Mann erst einmal aus seiner kindhaften Unterwürfigkeit herauf, stellt ihn sozusagen in Augenhöhe vor sich hin und spricht als Erwachsener mit ihm. Und was er dann sagt, klingt zunächst – ja – fast spitzfindig, ist aber eine Weichenstellung: »Was nennst du mich gut?«.

Jesus stellt klar. Keine Komplimente, keine Schmeichelei, mit der du mich vereinnahmen möchtest. Was könnte dir das helfen?! Meinst du, was du sagst. Stehst du dazu? »Gut«? – gut ist Gott allein! Siehst du also in mir die Autorität Gottes, wenn du mich »gut« nennst? Nimmst du also das, was du von mir hören wirst, als von Gott gesagt an? Jesus klärt das vorweg. Denn hier schon wird die Weiche gestellt. Dieser Mann fragt nach dem ewigen Leben wie nach einem fernen gelobten Land. Er fragt nach dem für ihn so fernen Leben mit Gott. Und Gott steht (vielleicht) vor ihm in der menschlichen Gestalt dessen, den er gut nennt. So nah, so personhaft irdisch nah, könnte das ewige Leben sein. Sieh, das Gute (der Gute) ist so nah!

Und nachdem das klargestellt ist, wird die Atmosphäre noch nüchterner. Jesus verweist ihn auf das, was er schon weiß: Du kennst doch die Gebote. (Viele Fragen von lebensentscheidendem Gewicht können meist von den Fragenden selbst beantwortet werden ...) Du weißt es selbst, du kennst doch die Gebote, die Lebensregeln Gottes. Sie umschreiben das, was ewiges Leben ist.

Und dann zählt Jesus in zufälliger Reihenfolge einige Gebote auf. Und das Auffällige: Er nennt kein einziges Gebot, das mit Gott zusammenhängt, sondern lauter Anweisungen, die unser menschliches Zusammenleben regeln: Nicht töten, nicht ehebrechen, nicht stehlen, nicht falsches Zeugnis reden, nicht berauben, Vater und Mutter ehren.

So ganz und gar menschlich, irdisch antwortet Jesus auf die Frage nach dem ewigen Leben. Nichts vom Jenseits, ganz diesseits, nichts vom Himmel, ganz Erde, nichts von intensiver, besonderer Gottesbeziehung, sondern ganz menschenbezogen.

Im Zusammenleben mit anderen Menschen kannst du den »Himmel« haben (ihr könnt euch allerdings auch die Hölle auf Erden bereiten). Du kennst doch die Gebote, die Lebensanweisungen Gottes für das menschliche Zusammenleben: Bewahre Ehrfurcht vor dem Leben. Achte die Liebe der Menschen, die zusammengehören. Laß deine Eltern nicht im Stich, wenn sie alt und gebrechlich sind. Sag nichts Falsches über andere, was ihnen schadet. Und bereichere dich nicht auf Kosten anderer (der Armen, der Unterbezahlten).

Das sind die Orientierungsbojen für das ewige Leben, für das wirkliche Leben im Diesseits (und im Jenseits). Du weißt es doch. Hier (auf Erden schon) kannst du den Himmel haben. Sieh, das Gute liegt so nah.

Also, so nüchtern, menschlich, irdisch spricht Jesus vom ewigen Leben. Aber der junge Mann scheint ihn nicht verstanden zu haben. Man sieht geradezu, wie er ratlos den Kopf schüttelt: »Meister, das habe ich doch alles gehalten von Jugend auf!«

Mir wird zunächst sonderbar zumute, wenn ich das höre: Das habe ich alles gehalten von Jugend auf ...

Ich bin mir nicht sicher, ob der reiche (junge) Mann wirklich weiß, was er da behauptet. Aber vielleicht stellt sich mein ungutes Gefühl nur deshalb ein, weil *ich* das so nicht sagen könnte. Die Gebote gelten weltweit und hautnah. Die Verflechtung von Schuld und Verantwortung reicht bis in die sog. Entwicklungsländer, bis zu den Wohlstandsgiften, die wir Europäer nach Afrika exportieren. Ich weiß heute, daß ich mit jeder Banane, mit jedem Stück Schokolade, das ich esse, die weltweite Ungerechtigkeit mitzuverantworten habe, daß irgendwo in Südamerika ein Familienvater Kakao oder Bananen für einen Hungerlohn erntet. Und daß die 27,– DM, für die man sich ein Jeans-Hemd aus Thailand mitbringt, dort den Monatslohn einer Fabrikarbeiterin ausmachen. Unser europäischer Reichtum ist auf der Armut der Armen dieser Erde aufgebaut.

Und ich weiß auch, daß die hautnahen Gebote, die die persönlichen menschlichen Beziehungen umschreiben, von mir mit Liebe gefüllt sein müßten, wenn sich darin »ewiges Leben« widerspiegeln sollte.

»Meister, das alles habe ich gehalten von Jugend an«, sagt der junge Mann damals, und offensichtlich meint er das auch so und schüttelt ratlos den Kopf.

Ich habe den Eindruck: Dieser junge Mann hat sich bemüht und bemüht, Zeit seines Lebens nach den Regeln Gottes zu leben. Vor mir entsteht das Bild eines jungen Menschen, der in behüteter, frommer Umgebung aufwächst, der sich immer nach den Lebensgrundsätzen und Glaubensbegriffen seiner Eltern gerichtet hat. Ein junger Mann, von dem die Eltern sagen, der hat uns keinen Kummer gemacht, der ist geradlinig, ohne krumme Touren in unsere Lebensspuren hineingewachsen. Der war nie aufsässig, der hat nie ein Widerwort gegeben. Der hat unsere Ideale übernommen – ein Sohn, ganz nach den Wünschen der Eltern, der ideale Sohn. Nun steht er vor Jesus und schüttelt den Kopf und sagt: Meister, das habe ich alles gehalten von Jugend an!

Nur! (und das spricht er nicht aus, und was er nicht ausspricht, das ist wie ein Aufschrei. Und Jesus versteht das sofort) nur – dies alles hat mir das *Leben* nicht gebracht. Das ist doch nicht *mein* Leben (so wie Gott es mir zugedacht haben mag). Deshalb komme ich nicht zur Ruhe. Deshalb suche ich und finde nicht. Und deshalb habe ich mich dir vor die Füße geworfen und kümmere mich nicht darum, was die Leute über mich denken und frage nach dem ewigen, dem wirklichen Leben. Anders gesagt: Guter Meister, ich bin mit meinem ganzen guten Leben, wie es bisher war, total in der Krise!

Und da geschieht das, was ich das Herzstück der ganzen Begegnung nennen möchte: Es heißt von Jesus: »Er blickte ihn an« (ihn mit seinem unbefriedigten ratlosen Suchen nach dem Leben) »und gewann ihn lieb«.

So etwas wird im Neuen Testament ganz selten erzählt. Aber es gibt Blicke, Augen-Blicke, die vergißt man nicht, die gehen mit uns durchs ganze Leben. Und es gibt Blicke, die dauern nur ein paar Sekunden – und gelten für die Ewigkeit. Aus ihnen spricht eine Liebe, die nicht (nur mal) eine Augenblicksempfindung ist, sondern die *mich* meint, wie ich bin!

Jesus blickt ihn an und zeigt ihm: Du bist (ewig) geliebt. Er zeigt ihm, was das heißt: *Jetzt* im ewigen Leben sein. Nämlich: *Das* ist das ewige Leben, daß der Blick der Liebe (Gottes) auf dir ruht.

Hier könnte die Geschichte enden. Hier könnte die Begegnung ihr »Happy-End« finden. Und hier möchte ich auch am liebsten aufhören. Aber die Geschichte geht noch weiter. Sie geht weiter, weil Jesus mit seiner Liebe zu diesem Mann einen entscheidenden Schritt weitergeht. Jesus sagt dem, den er liebt, etwas für ihn sehr Schmerzliches: Er sagt es ihm, weil er ihn liebt: »Eins fehlt dir, geh hin, verkaufe alles, was du hast, und gib es den Armen. Und du wirst einen Schatz im Himmel haben. Und komm und folge mir nach.«

Jesus geht mit seiner Liebe weiter, als wir glauben. Hier allerdings, so scheint es, geht er zu weit. Hier wird seine Liebe zur Zumutung.

Ich erinnere mich an eine Krise in meinem Leben. Da hatte ich das Glück, einem alten, lebenserfahrenen Mann zu begegnen. Unvergeßlich ist er mir vor allem aus zwei Gründen: Einmal, er hat mich, so wie ich damals war, verstanden. Und ich habe dabei seine ganze Herzlichkeit zu spüren bekommen. Und das andere: Er hat mir nicht erspart zu begreifen, an welchem Punkt ich eigentlich festhänge. In welchen Punkt ich mir, sozusagen durch mein eigenes Verhalten, meine eigene Krise selbst mitverursache. Er hat mir den Schmerz nicht erspart, den Schmerz, den es kostet, wenn man merken muß: Ja, so bin ich auch. Er hat mir diesen Schmerz zugemutet.

Und weil *beides* stimmte: Seine Herzlichkeit und seine Zumutung, darum werde ich ihn nie vergessen.

Und der junge Mann damals (da bin ich sicher) wird Jesus nicht vergessen, aus genau diesen beiden Gründen. Jesus begegnet diesem reichen (jungen) Mann mit Liebe und ist gleichzeitig unbestechlich. Er durchschaut, daß dieser Mann ein böses Spiel mit sich selbst treibt. Nämlich das Spiel: Ich tu ja schon so viel, was muß ich noch mehr tun, um wirklich zu leben? Ich bin ja schon so anständig, so gläubig, wo muß ich denn noch vollkommener werden? – eine weitverbreitete Selbstquälerei. Und dahinter steckt fast immer: Lebensangst! Jesus durchschaut die Lebensangst dieses Mannes, durchschaut, wie er sich abzusichern sucht gegen seine Lebensangst mit Anständigkeit, abzusichern mit Gläubigkeit, mit einem Leben nach Idealen, ja, und mit dem, was er selbst noch nicht genannt hat: Mit Reichtum! Der gehortete Reichtum – als Bollwerk gegen eigene tiefe Lebensängste.

Der reiche (junge) Mann damals spürt das und will es doch

nicht wahrhaben. Nämlich, daß er inzwischen *abhängig* ist, abhängig von seinem Zwang, gut zu sein und noch besser sein zu müssen (es reicht nie!) und abhängig auch von dem, was er besitzt.

Und Jesus sticht an seiner empfindlichsten Stelle ein: am Reichtum. Er sticht an diesem Punkt ein wie mit einer Sonde. Er zeigt ihm, daß in seinem Festhalten am Besitz seine eigentliche Not sichtbar wird. »Eins fehlt dir: Laß los, womit du dich sichern willst. Geh hin, verkaufe alles, was du hast und gib es den Armen ...«

Ich merke, daß ich diese Zumutung Jesu ganz und gar im Blick auf den jungen Mann erzählt habe. Aber er ist ja unser Porträt, auch meines.

Ich habe diesen Punkt auch, an dem ich mich abhängig mache und mich am Leben hindere. Das ist der Punkt, an dem Jesus wie mit einer Sonde einsticht, und das tut weh.

Damit sind wir beim Schluß der Geschichte. Von dem Mann damals heißt es: Als er *das* Wort Jesu hörte, wurde er traurig und ging betrübt davon, denn er hatte viele Güter.

Ich habe lange Jahre bei diesem Schluß gedacht: Wie schade! Wie schlimm! Nun hat er das Leben doch verpaßt. Nun zieht er nicht fröhlich seine Straße (wie der »Kämmerer aus dem Morgenland« in einer anderen Geschichte). Wie schade, wie schlimm!

Neuerdings denke ich anders. Neuerdings denke ich, nein, wie gut! Wie gut, daß er das erlebt!

So ergeht es mir doch auch. So ergeht es doch vielen von uns, wenn sich etwas ändert in unserem Leben, wenn es gutgehen soll: Er/sie ging *traurig* davon, ging mit Schmerz im Herzen davon, weinte gar. Wie gut für ihn, daß er weinen kann!

Dies ist der erste Schritt ins Leben, wenn jemand die eigene Trauer spüren kann, die Trauer im Herzen. Trauer darüber, daß ich so bin, wie ich bin, so abhängig, und daß ich mit all meinem Bemühen mich nicht besser machen kann, als ich bin. Wie gut, daß der Mann damals erschüttert war über das Wort Jesu, und das heißt ja über sich selbst.

Wie gut, wenn ich zu erschüttern bin, wenn ich weinen kann

oder muß über mein nicht gelebtes Leben. Diesen eigenen Schmerz spüren, – damit könnte das Leben neu beginnen.

»Er aber ging traurig davon« – das könnte für den jungen Mann tatsächlich der erste Schritt ins Leben sein!

Ich bin allerdings überzeugt: Er hätte den Schmerz über sich gar nicht zulassen können, wenn ihn nicht zuvor der Blick der Liebe Jesu erreicht hätte. Ich jedenfalls kann den Schmerz über meine Begrenztheiten nur zulassen, wenn ich zugleich erfahre, daß ich geliebt bin. »Er ging traurig davon« – das ist sein Abgang, vielleicht auch unser Abgang heute.

Und Jesus läßt ihn so gehen, läßt ihn so gehen (mit seinem Schmerz) in *sein* Leben. Der Mann geht nicht mit Jesus. Er geht seinen eigenen Weg. Er wechselt nun nicht von der »Elternabhängigkeit« in die »Jesusabhängigkeit«. Nein, er muß seinen *eigenen* Weg finden. Und Jesus läßt ihn so gehen. Und ich bin überzeugt, der Blick Jesu wird mit ihm gehen – und auch heute mit uns.

Die Krankheit, Erster sein zu müssen

Johannes 5,1–16

Diese Geschichte hat zwei Schauplätze. Da ist zunächst der Kurort Bethesda bei Jerusalem mit seinen fünf Bade- und Liegehallen, ein Sanatorium, eine Klinik. Die Welt der Kranken. Das ist eine Welt für sich.

Daneben und rundherum ist die Welt der Gesunden, die Wohn-, Arbeits- und Freizeitwelt. Es ist gerade Sabbat. Das ist auch eine Welt für sich.

Es sieht so aus, als wären diese beiden Welten nicht verbunden, eher getrennt. Was in der einen vorgeht, scheint für die anderen menschlich ohne Bedeutung. Allerdings, es gibt eine Verbindung, eine Gemeinsamkeit: An Menschlichkeit fehlt es in beiden Welten. Und in beiden herrschen ziemlich harte Regeln. Das bekommt man besonders deutlich jeweils an den Übergängen zu spüren. Wenn man von der einen Welt in die andere muß, dann merkt man, wie hart der Übergang ist. Und das ist bis heute so.

Ich denke fast jedesmal, wenn ich miterlebe, wie jemand ins Krankenhaus »eingeliefert« wird, ins Allgemeinkrankenhaus oder in die Psychiatrie: Was ist das oft für ein harter Übergang für den Betroffenen und seine Angehörigen, wenn da ein Mensch mit seinem Leiden in ein System hineinkommt, in dem nun ganz eigene Gesetze gelten. Man ist schon ausgeliefert an das eigene Leiden. Und nun ist man auch noch ausgeliefert an das System »Krankenhaus«, an Abläufe, Untersuchungen, Diagnosen und Prognosen, an Entscheidungen, die man oft nicht ganz durchschaut, an den Klinikalltag, der seine eigenen Gesetze hat.

In unseren Kliniken versucht das Personal, die Härte dieses

Übergangs zu mildern, den Erkrankten und ihren Angehörigen so menschlich wie möglich zu begegnen, Verständnis aufzubringen, Vertrauen zu ermöglichen, Leiden zu lindern. Erkrankte Menschen sollen hier Heilung finden können und Schutz in einer Krise. Aber der Klinikalltag ist oft härter – für alle Beteiligten. Bevormundungssituationen sind oft nicht zu vermeiden. Konflikte nicht zu umgehen. Und daß Krankheit Menschen *trennen* kann, daß die Erlebniswelt kranker Menschen sich sehr unterscheidet von der Erlebniswelt der Gesunden – das ist auch in der Klinik oft sehr hart spürbar.

In Bethesda damals, in diesem Sanatorium, in dieser Klinik, gibt es Menschen mit ganz unterschiedlichen Krankheiten. Aber es gibt zu diesen vielen Krankheiten hinzu noch *eine,* die sie alle in den Bann schlägt: Das ist die Krankheit, unbedingt Erster bzw. Erste sein zu müssen! Denn dieses Sanatorium ist um eine Teichanlage herumgebaut. In diesem Teich sprudelt in unregelmäßigen Abständen eine Quelle. Und dieser Quelle wird Heilkraft zugeschrieben. Der Volksglaube sagt: Ein Engel käme herab und bewege das Wasser. Und wer nach dieser Wasserbewegung *zuerst* in die Quelle hineinstiege, der würde gesund, einerlei welche Krankheit er hätte.

Man muß sich das vorstellen: Da liegen also um diesen Teich Hunderte von Kranken, Schwerkranke und leichter Erkrankte, und warten darauf, daß sich das Wasser bewegt. Und jeder ist darauf aus, *zuerst* an der Quelle zu sein, sobald sie sich bewegt. Der Kampf um den besten Platz an der Quelle wird natürlich schon im Vorfeld entschieden, nicht erst, wenn das Wasser sprudelt. Da gibt es eine Reihe von Leuten, die sich längst die besten Plätze gesichert haben. Die weiter entfernt Liegenden haben da keine Chance. Und wer Helfer hat, ist natürlich besser dran, als jemand, der allein auf sich gestellt ist. Wer beweglich ist, ist besser dran, als jemand, der gelähmte Beine hat. Und wer noch einigermaßen kräftig ist, hat es natürlich besser, als jemand, der schwach und elend ist.

Man braucht nicht viel Fantasie, um sich auszumalen, was für eine Atmosphäre der Rücksichtslosigkeit sich um diese Quelle herum ausgebreitet hat. Da wird einer des anderen »Teufel«.

Dabei gibt es doch dort eine *Religion* in Bethesda, einen religiösen Glauben: Ein Engel steige herab ins Wasser, so glaubt man, und bewirke die Heilkraft der Quelle. Eigentlich ein rührender Glaube, eigentlich ein schöner Gedanke, tröstlich sogar. Ein Engel bringt die Heilung. Aber was ist das für ein Engel, der immer nur den Ersten hilft! Was ist das für eine Religion, die nur den Erfolgreichen dient! Nur der Erste kann geheilt werden. Das ist die Regel in Bethesda. Und niemand scheint diese Regel zu hinterfragen. Die einen nicht, weil sie sich stark fühlen und Vorteile davon versprechen. Und die anderen? Ja, was ist mit den vielen, die nie diese Chance bekommen, die ständig erleben müssen, daß sie nie die Ersten sind? Man könnte erwarten, daß sie weggehen von diesem Ort, aber nein, sie bleiben da. Sie bleiben im Bann dieser merkwürdigen Regel, die da heißt: Sei der bzw. die Erste und du bist geheilt!

So etwas kenne ich auch: Der Erste sein zu müssen! Man ist nur etwas wert in den eigenen Augen, wenn man der Erste ist. Das ist wirklich wie eine Krankheit. Gnadenlos. Man kann depressiv werden davon. Es kann einen kaputtmachen – und man kommt doch nicht davon los. Und so liegen sie auch damals fest im Bann dieser Krankheit, Erster sein zu müssen und kommen nicht davon los.

Und deshalb ist es für mich in dieser Geschichte der aufregendste Augenblick, als Jesus auftaucht in dieser gnadenlosen Welt des Erste-Sein-Müssens und zielsicher den Letzten heraussucht. »Die Letzten werden die Ersten sein«, das ist die Regel, die dort gilt, wo Jesus auftaucht. Und mit dieser Regel stellt Jesus das ganze System auf den Kopf, hebt er das System des Wettbewerbs um jeden Preis aus den Angeln. Nicht die Ersten werden geheilt, sondern der Letzte.

Zielsicher hat er sich erkundigt und erfahren: Da ist einer, der liegt schon 38 Jahre fest. 38 Jahre festgelegt auf seine Krankheit. Woran leidet dieser Mensch? Was ist seine Krankheit? Wir erfahren nichts darüber. War er gelähmt? Hatte er Arthrose, schweres Rheuma, Bandscheibenschaden? – Wir wissen es nicht. Sein Ursprungsleiden scheint nach 38 Jahren unerheblich zu sein. Denn seine eigentliche Krankheit, seine eigentliche Not ist längst eine andere. Und es ist vielleicht leichter, gelähmte Beine zu heilen, als von dieser Krankheit loszukommen.

Jesus spricht ihn an: Willst du gesund werden? Und der Kranke antwortet: Herr, ich habe keinen Menschen. Das ist *seine* Krankheit. Das ist die Krankheit, an der sie da alle leiden (und er ist nur das krasseste Beispiel dafür).

»Herr, ich habe keinen Menschen, der mich, wenn das Wasser sich bewegt, hineinbrächte. Und wenn ich schließlich hinkomme, ist ein anderer längst vor mir hineingestiegen.« Das ist seine Krankheit. Daran leidet dieser Mensch an Leib und Seele seit 38 Jahren, daß es hier gilt, immer Erster zu sein, daß hier einer nur noch des anderen Konkurrent ist, und daß hier kein Mensch mehr auf den anderen achtet.

Wir leben heute im Sozialstaat. Unsere auf gnadenlosen Wettbewerb eingerichtete Ellenbogengesellschaft, die sogenannte Freie Marktwirtschaft ist »sozial abgefedert«, wie man sagt. Aber dieses Gesetz des Stärkeren steckt in allem und in uns allen, wenn es um das eigene Geschäft geht, um das eigene Ansehen, um die Nase vorn im Wettbewerb – da stößt man sich gesund, indem man die anderen wegstößt. Da steigt man direkt vor dem anderen in die Quelle oder in das Geschäft ein. Da fallen die Langsamen heraus, die sozial Schwächeren bleiben auf der Strecke. Und das gilt zur Zeit bundesweit mit dem Gefälle von West nach Ost. Und es gilt weltweit mit dem Gefälle von Nord nach Süd: Sich gesund stoßen auf Kosten der Schwächeren. Und an diesem Gesetz der Stärkeren ist der Kranke dort am Teich Bethesda nun schon 38 Jahre lang gescheitert. »Herr, ich habe keinen Menschen.«

Da Jesus ihn nun liegen sah und vernahm, daß er so lange schon gelegen hatte, spricht er zu ihm: »Willst du gesund werden« – was für eine Frage. Was denn sonst?! Das ist doch selbstverständlich – könnte man meinen. Aber ist es wirklich so selbstverständlich?

Offenbar weiß Jesus, was aus einem Menschen wird, der so lange im Bann dieser Krankheit festliegt. Der *kann* gar nicht mehr *wollen*. Der ständige Wettbewerb um das Erster-sein-müssen hat ihn längst gelähmt. Und das ist so bis heute. Viele sind davon gelähmt. »Willst du gesund werden?«, willst du von *dem* loskommen, was dich festlegt, abhängig macht? Ich fühle mich durchschaut, wenn Jesus so fragt. Und deshalb ist das keine Frage, die überflüssig wäre. Aufregend ist das! Es kann einem Herzklopfen machen, wenn man so gefragt wird. »Willst du gesund werden?« Und es ist ebenso aufregend, daß Jesus sich bei der Klage dieses Mannes damals gar nicht lange aufhält. Bei der Klage nämlich: »Ach Herr, ich habe doch keinen Menschen!« Ja, das ist seine Not, keinen Menschen zu haben.

Aber das ist vielleicht auch inzwischen seine Klagelitanei geworden, die er allen ständig vorlamentiert. »Ich habe keinen Menschen, ich habe keinen Menschen ...« Und niemand mag es mehr hören. Und so hat dieser Mann mit seiner Klage: »Ich habe keinen Menschen, ich habe keinen Menschen ...« sich selbst zusätzlich ins Abseits manövriert, sich selbst immer mehr in diese Lage gebracht, daß er nun wirklich keinen Menschen hat. Das ist ein Teufelskreis. Durch sein Jammern verschlimmert dieser Mann seine Not noch zusätzlich und findet selbst nicht mehr da heraus.

Jesus beendet dieses Klagelied mit Zutrauen, aber auch mit einer Zumutung: »Steh auf, nimm dein Bett und geh!« – Es stockt einem der Atem, wenn man das hört. Für Sekunden denkt man: O Gott, was passiert jetzt? Und es passiert das, womit niemand gerechnet hat, am wenigsten der Kranke selbst. Er *kann* aufstehen, er muß nicht festliegen. Er kann das tun, was er jahrelang nicht getan hat. Er stellt sich auf die eigenen Füße. Er nimmt sein Bett (seine dünne Matratze aus geflochtenem Material), nimmt dieses Symbol seiner Krankheit, auf die er so lange festgelegt war, rollt es zusammen und verläßt diesen Ort, wo er immer nur wie gebannt darauf gewartet hat, *Erster* zu sein und *dadurch* geheilt zu werden. Jetzt wird ihm zugemutet: Nimm davon Abschied! Das war nicht der Weg, wie du heil werden kannst! »Steh auf und geh!«

Ich finde es aufregend, eigentlich sogar unglaublich, was hier passiert. Nicht wahr, man weiß doch, wie das ist, wenn man so lange festgelegt war auf sein Kranksein, festgelegt auf die Rolle, die man spielt in dieser Umgebung, die einem ja auch diese Rolle ihrerseits zuschreibt, festgelegt auf die hohen Erwartungen, die andere und die man selbst an sich stellt – gar nicht so einfach, sich dagegen aufzurichten!

»Steh auf und geh« – und alsbald wurde der Mensch gesund, stand auf, nahm sein Bett und ging davon.

Wovon ist dieser Mann denn nun geheilt? Wie gesagt, wir kennen sein Ursprungsleiden nicht. Und es könnte ja möglich sein, daß sein Ursprungsleiden weiterhin sein Leiden ist. Und dennoch heißt es von ihm, er wurde gesund. D. h. er wurde geheilt an dem entscheidenden Punkt, nämlich geheilt von dem Wahn, Erster sein zu müssen. Geheilt von seiner Klage: Ich habe keinen Menschen. Geheilt von der lähmenden Idee: Er könne nicht auf eigenen Füßen stehen.

»Steh auf, nimm dein Bett und geh!« Und er stand auf und ging. Wohin? – Nun, er geht in die Welt der Gesunden. Wohin auch sonst? Und nun erlebt er den umgekehrten Übergang. Nun erlebt er, wie das ist, wenn einer so lange krank war und wieder zurückkehrt in die Welt der sogenannten Gesunden. Wie hart das sein kann.

Und siehe da, ausgerechnet heute ist Sabbat. Da sagen die Leute zu ihm: »Es ist Sabbat. Es ist dir nicht erlaubt, deine Matratze zu tragen. Das darfst du nicht!«

Das ist ein Empfang! Ja, diese Welt der Gesunden hat ihre eigene heilige Ordnung. Sie hat ihre Richtlinien. Und sie hat ihre Vorschriften von dem, was erlaubt ist und was nicht.

Jetzt ist Sabbat und »Sabbat« ist hier nur ein feineres Wort für: Es darf nichts sein, was die Welt der Gesunden stört. »Es ist dir nicht erlaubt, deine Matratze zu tragen ...«

Ich vermute, es ist unerträglich für die Welt der Gesunden, daß ein ehemals Kranker so öffentlich seine Vergangenheit mit sich herumträgt. Es ist unerträglich für die Welt der Gesunden und Erfolgreichen, daß jemand uns die Brüchigkeit unseres Lebens vor Augen führt.

Ein Kollege von mir, ehemals Alkoholiker, seit über 15 Jahren »trocken«, ein kompetenter, einfühlsamer und abgrenzungsfähiger Mann, bewirbt sich als Klinikseelsorger, hat schon die mündliche Zusage und wird dann doch von der Klinikleitung abgelehnt – angeblich nicht wegen seiner Alkoholikervergangenheit. »Insider« wissen, daß es doch deswegen war.

Es ist Sabbat. Und es ist dir nicht erlaubt, deine »Matratze«, deine Vergangenheit mit dir herumzutragen. Als Geheilter gehörst du noch lange nicht gleichwertig in die Welt der sogenannten Gesunden. Wer heute aus der Psychiatrie entlassen wird und keine Wohnung hat oder keine Arbeit, der bzw. die kann solche Erfahrungen reihenweise machen. Auch hier bemühen sich Klinik und Anschlußeinrichtungen, den harten Übergang »sozial abzufedern«. Aber die schlimme Erfahrung, wie gnadenlos die Wettbewerbswelt der Gesunden sein kann, bleibt vielen nicht erspart.

Der Geheilte damals scheint trotz dieses frostigen Empfangs unbeirrt seinen Weg zu gehen, als ginge er in einem Hochgefühl neu gewonnener Freiheit. Es gibt zwar in der Welt der Gesunden niemanden, der sich freut über seine Genesung, niemanden, der sagt: Dich kenne ich doch, so lange krank und nun endlich genesen! Da freue ich mich mit dir! Niemand. Aber das scheint ihn nicht einmal zu irritieren. Offenbar hat er nichts anderes erwartet. Er hat auch jetzt »keinen Menschen« in dieser Welt der Gesunden. Aber das ist nicht mehr sein Klagelied. Vielleicht weil er dem einen Menschen begegnet ist, der ihm zugetraut und zugemutet hat, daß er auf eigenen Beinen stehen und seinen eigenen Weg gehen kann.

Dennoch: Wie lange wird das andauern, dieses Hochgefühl neuer Freiheit? Wie lange wird er das durchhalten, daß er »keinen Menschen hat« (oder wird er nun jemanden finden?). Wie lange hat er die Kraft dazu, in der Welt der Gesunden Außenseiter zu sein? Wird er nicht bald wieder an den Paragraphen der Behörden, an den Zwängen der Arbeitswelt, an den verschlossenen Türen und verhangenen Gesichtern und an den Vorurteilen und Urteilen scheitern müssen?

Jesus scheint das vorauszuahnen, und so geht er ihm nach. Und findet ihn und spricht ihn an: »Sündige nicht mehr, daß dir nicht Schlimmeres widerfährt.« M. a. W.: Mach dich nun nicht abhängig von den rücksichtslosen Maßstäben der Gesunden. Das wäre schlimmer als Krankheit. Wie man auch immer dieses

Wort Jesu bewerten mag – das Besondere an dieser Szene ist: Wir haben hier eines der ganz wenigen Beispiele im Neuen Testament dafür, daß Jesus so etwas wie »Nachsorge« für einen ehemals kranken und nun geheilten Menschen macht. Nachsorge in dem Wissen darum, daß ein Mensch, der so lange krank war, nicht von einer Sekunde auf die nächste geheilt ist, sondern daß das eine Weile dauert, bis jemand sein neues »Ich« findet. Nachsorge auch in dem Wissen darum, daß die Welt der sogenannten Gesunden gegenüber einem ehemals Kranken, nun Geheilten unterschwellig sehr feindselig sein kann. Und so geht die Geschichte denn auch sehr feindselig aus. Nur daß sich die Feindseligkeit der Leute am Ende gegen Jesus richtet und nicht gegen den Geheilten. Sobald man erfährt, es ist Jesus, der diesem Menschen eine solche Freiheit gegeben hat, heißt es: Nun verfolgen sie *ihn*. Den Geheilten lassen sie von da an offenbar in Frieden. »Stellvertretung« hat man das früher genannt. Und das gehört oft zur Nachsorge dazu, daß ein Helfer den Konflikt mit der Umwelt eine Weile noch anstelle des Betroffenen zu führen hat, bis er oder sie schließlich selbst dazu in der Lage ist.

Soweit die Geschichte von dem, der 38 Jahre lang festgelegt war auf den Irrglauben, Erster sein zu müssen und der es lernte, dagegen aufzustehen, weil Jesus neue Maßstäbe setzt in seinem Leben.

Aufstand gegen die hoffnungslos Gesunden

Markus 2,1–10

Dies ist eine vielschichtige Geschichte. Sie erzählt gleich mehrere Geschichten, die miteinander verwoben sind.

Da ist die Geschichte von dem, der gelähmt ist, und der wieder aufstehen und gehen lernt.

Da ist die Geschichte von den Freunden, die bereit sind, den Gelähmten zu tragen.

Und da ist die Geschichte von dem, der die Fähigkeit hat zu heilen: Jesus.

Und in allen drei Geschichten geht es um einen Aufstand gegen die hoffnungslos Gesunden, gegen die Öffentlichkeit.

I

Da ist zunächst der Kranke, der Gelähmte.

Wir wissen nichts Genaues über seine Lähmung, nicht wie lange er gelähmt war (erst wenige Tage lang? oder schon Jahre lang?), wissen nicht, wie schmerzhaft die Lähmung war. Aber offensichtlich muß er liegen und getragen werden, sonst ist keine Bewegung möglich.

Allerdings, am Ende erfahren wir, daß seine Lähmung nicht nur körperlich war, sondern auch (vielleicht sogar vor allem) eine Lähmung der Seele, des Geistes, der Gedanken und wohl auch der Gefühle, vielleicht eine Lähmung aus Angst vor Schuldgefühlen(?).

Solche Lähmungen, die Seele, Geist, Gedanken, Gefühle und Körper befallen können, kenne ich zumindest im kleinen auch:

Lähmende Angst vor großen Anforderungen. Angst, man könnte etwas falsch machen (und bevor ich etwas falsch mache, mache ich lieber gar nichts) – das ist lähmend.

Versagensängste, verbunden mit der Angst vor Bestrafung. Angst: Wenn ich versage, werde ich nicht geliebt – das lähmt.

Oder die Angst: Ich bin an allem schuld. Manche Kinder haben Angst, sie seien schuld am Streit ihrer Eltern, sie seien schuld an der Trennung der Eltern, sie seien schuld an der Krankheit des Vaters oder an der Migräne der Mutter. Und das schleppen sie mit sich durch die Kindheit in die Jugend bis ins Erwachsenenalter – das ist lähmend.

Und eine solche Lähmung spürt man bis ins Gesicht, bis in die Hände, in die Beine, bis in die Stimme hinein. Lähmung durch immer wiederkehrende Ängste oder Schuldgefühle. Das ist so, als ob das Leben an einem bestimmten Punkt blockiert ist, steckenbleibt. Man strengt sich an, aber man kommt über diesen Punkt nicht hinaus. Man kann sich nicht weiterentwickeln.

Und wenn dann von der Umgebung noch Botschaften kommen wie: Reiß dich mal zusammen, stell dich nicht so an, laß dich nicht so hängen! Du mußt positiv denken, du mußt mal an andere denken! Dreh dich nicht immer nur um dich selbst! Oder gar: Selbst schuld! – lauter Botschaften, die letztlich sagen: Sei anders als du bist! Und lauter Botschaften, durch die sich die Umgebung den Gelähmten vom Leibe hält.

Der Gelähmte in unserer Geschichte hat Glück. Obwohl er in einer Gesellschaft lebte, in der es üblich war zu munkeln: Der muß doch gesündigt haben, wenn er so ein Schicksal hat! – er hat Glück, gleich in mehrfacher Hinsicht:

Da gibt es offenbar Leute in seiner Umgebung, die nicht wie die anderen sagen: »Selbst schuld« und ihn liegenlassen, sondern die ihn tragen, so wie er ist. Leute, die es offenbar aufgegeben haben zu sagen: Laß dich nicht so hängen, mach dich nicht so steif! Nein, die es gelernt haben, vielleicht mühsam gelernt haben: Den müssen wir tragen! Und die ihm sagen: Wir tragen dich, mit allem, was dich lähmt. Darauf kannst du dich verlassen.

Ich bin sicher, die Heilungsgeschichte beginnt nicht erst, wenn der Gelähmte zu Jesus kommt. Sie ist schon längst im Gange, bevor unsere biblische Geschichte beginnt. Sie beginnt spätestens da, wo die Freunde sich entschließen und ihm sagen: Wir tragen dich, darauf kannst du dich verlassen!

II

Und damit bin ich bei der zweiten Geschichte in unserer Geschichte, bei den vier Helfern, die den Gelähmten tragen. Ich nenne sie: Die Vier vom Pflegedienst. Die Leute vom Pflegedienst, das sind die (damals wie heute), die bereit sind, sich auf Menschen mit ihrer Lähmung einzulassen, die bereit sind, Menschen mit ihrem Lebensschicksal zu tragen, zu pflegen und zu versorgen. Sie tun das damals wie heute in einer Umgebung, die das nicht honoriert, und die zum Mittragen meist nicht bereit ist. Das werden sie dann auch gleich zu spüren bekommen. Und das ist die zweite Lähmung in dieser Geschichte.

Also: Da kommen sie zu diesem Haus, in dem Jesus sich aufhält. Da ist die ganze Öffentlichkeit versammelt. Die Leute stehen bis auf die Straße. Kein Durchkommen. Niemand macht Platz. Die Öffentlichkeit zeigt ihnen sozusagen die kalte Schulter.

Eigentlich verständlich. Die Vier vom Pflegedienst mit ihrem gelähmten Menschen könnten sich doch hintenanstellen wie alle anderen auch – oder nicht?

Nein, sie können nicht!

Warum eigentlich nicht? Warum stellen sich die Vier vom Pflegedienst nicht hintenan? Warum warten sie nicht, bis die Veranstaltung zu Ende ist? Dauert doch höchstens noch eine Stunde. Wie lange mag der Gelähmte schon gelähmt sein? Der kann doch wohl die eine Stunde noch warten. – Nein, die Vier können und wollen nicht warten.

Warum nicht? – Auf diese Frage gibt es direkt keine Antwort. Und doch gibt es eine Antwort: In dieser Geschichte geht es um eine Auseinandersetzung mit den Werten der Gesellschaft, der Religion und der Öffentlichkeit (damals wie heute), unter der

Frage: Welchen Stellenwert hat in unserer Gesellschaft, in unserer Politik, in unserer Religion der nicht-leistungsfähige Mensch, der Gelähmte, der von Krankheit Betroffene? Und welchen Stellenwert hat die Arbeit derer, die ihn tragen, begleiten und pflegen? Um diese Auseinandersetzung geht es. Und in dieser Auseinandersetzung beziehen die Vier vom Pflegedienst eine provozierende Position. Sie *müssen* etwas Provozierendes tun. Denn die sogenannte »gesunde Öffentlichkeit« merkt gar nicht, wie dickfellig sie sich verhält. Wer gesunde Beine hat, merkt nicht, wie das ist, wenn man mit gelähmten Beinen leben muß. Und daß sie nicht vorbeigelassen werden, das haben die Vier gewiß schon oft erlebt. Also machen sie eine Art »Demo«: Sie steigen der Öffentlichkeit aufs Dach!

Man muß sich das so vorstellen: Flachdachhaus, Außentreppe, auf dem flachen Dach eine Luke, aber die Luke ist zu klein, so beseitigen sie Balken, graben den Lehm auf, bis die Öffnung groß genug ist, und dann lassen sie ihren gelähmten Freund herab in die Mitte, dort wo Jesus steht. – Eine »Demo«: Sie stören die Versammlung, betreiben Sachbeschädigung an fremdem Eigentum, sie lenken mit ihrer Demonstration alle Aufmerksamkeit auf sich und ihren gelähmten Freund. Sie lassen sich eine Abweisung nicht mehr bieten. Sie stellen die Werteordnung auf den Kopf.

Damit sind wir mitten in der gegenwärtigen Auseinandersetzung. Stichwort: »Pflegenotstand in der Bundesrepublik Deutschland«, in einem der reichsten Länder der Erde »Pflegenotstand«. Dazu einige Bemerkungen: Die Gesundheitspolitik in unserem Land ist in den letzten Jahren so angelegt, daß viele daran sich goldene Nasen verdienen, vorab die Pharmaindustrie und die Apparatemedizin. Der Pflegedienst arbeitet vergleichsweise für'n Appel und 'n Ei – und das bei immer höheren Anforderungen. Eine Krankenschwester verdient nach ihrer Ausbildung ungefähr 1800 DM netto. Und das verdient sie lange Jahre. Das steigert sich so schnell nicht.

Der Dienst am Nächsten, der schwere Dienst an den Schwachen, Kranken, Behinderten, pflegebedürftigen alten Menschen gehört zu den schlechtbezahltesten Tätigkeiten in unsrem Land.

Der Slogan, daß sich Leistung wieder lohnt, war nicht für Pflegeberufe gedacht. Kein Wunder, daß in den letzten zehn Jahren nur die Hälfte der (mit großem Aufwand ausgebildeten) Pflegekräfte in ihrem Beruf geblieben sind. Nach vier, spätestens nach sechs oder sieben Jahren wandern sie scharenweise in andere Berufe ab, wo es nicht nur bessere Bezahlung gibt, sondern vor allem bessere Arbeitsbedingungen, bessere Aufstiegschancen, bessere soziale Anerkennung. Schon vor einigen Jahren war klar, daß etwa hunderttausend Pflegekräfte bei uns fehlen. Die reiche Bundesrepublik liegt (was Personalausstattung betrifft) im Vergleich von zwanzig Industrienationen an viertletzter Stelle.

Der Pflegedienst – über Jahrhunderte hin vor allem von Frauen ausgeübt, nach dem Leitspruch: Mein Lohn ist, daß ich dienen darf – und die Gesellschaft, die Politik, die Kirchen, die Anstalten haben diese Opferbereitschaft von Millionen Frauen finanziell, und nicht nur finanziell, rücksichtslos ausgebeutet ... Also, der Pflegedienst hat jahrzehntelang so gut wie nichts für sich gefordert (ist auch nicht gewerkschaftlich organisiert). Im Sommer 1989 haben etwa zehn Prozent der Schwestern und Pfleger einen Warnstreik riskiert, um auf den alarmierenden Pflegenotstand aufmerksam zu machen. – Das war so ein vorsichtiger Versuch, der Öffentlichkeit aufs Dach zu steigen und auf unhaltbare Zustände aufmerksam zu machen!

Die Vier vom Pflegedienst damals steigen der Öffentlichkeit aufs Dach und machen damit deutlich, welchen Stellenwert für sie der Gelähmte und die Arbeit des Pflegedienstes hat. Sie lassen sich vom Desinteresse der Öffentlichkeit nicht lähmen. Über die Reaktion der Öffentlichkeit wird nichts berichtet. Aber *Jesus* reagiert. Es heißt: Als Jesus ihren Glauben sah ... Mit anderen Worten, in seinen Augen ist alles, was sie da tun: Dieses sich-nicht-Hintenanstellen, dieses provozierende Aufs-Dach-Steigen, die Versammlung Stören, und auch auf Kosten von Sachbeschädigung ihrem Gelähmten den Durchbruch zu verschaffen – dieses zielstrebige Eintreten für einen Menschen, der sich selbst nicht helfen kann, nennt Jesus »Glauben«.

III

Damit sind wir bei der dritten Geschichte, nämlich bei dem, der nun das Heilende sagt und tut. Bisher haben wir alles von außen gesehen. Nun betreten wir sozusagen den Innenraum dieser Geschichte.

Dort steht Jesus. Er hat den Leuten eine Predigt gehalten. Jetzt haben die Vier ihn unterbrochen und ihm ohne Worte ihrerseits eine »Predigt gehalten«. Da steht er nun, und man sieht, wie er hinaufschaut zu diesem aufgebrochenen Dachausschnitt, sieht dort die vier Gesichter der Männer, die zu ihm herabschauen. Es wird kein Wort gesprochen. Aber Jesus *sieht* ihren Glauben!

Und dann wendet er sich dem Gelähmten zu. Und ich kann mir denken, *wie* er ihn anschaut.

Da liegt der Gelähmte auf der Bahre, ein erwachsener Mensch mit den Augen eines ängstlichen Kindes. Und Jesus scheint das zu sehen und sagt als erstes zu ihm: Mein Kind, mein Sohn ... Das erste Wort in dieser Geschichte! Ein zärtliches, liebevolles Wort. »Mein Kind«. Und ich denke mir: Jesus sagt das so zu ihm, wie er das noch nie gehört hat, nämlich so, daß es ihm durch alle Glieder, durch alle Nerven, alle Körperzellen geht, so daß er's bis in seine gelähmten Glieder hinein merkt: Hier spricht mich einer so an, daß ich angenommen bin. »Mein Kind«, sagt Jesus zu dem Gelähmten.

Und dann kommt das Wort, mit dem keiner gerechnet hat: »Dir sind deine Sünden vergeben« – ja, aber dazu ist er doch wahrhaftig nicht hergekommen, oder doch?

Ich denke, hier kommt deutlich heraus, wie Jesus die Lähmung dieses Mannes einschätzt. Er nennt jetzt *das* beim Namen, was diesen Menschen all die Jahre gelähmt hat: Seine Angst, schuldig zu werden, seine Angst schuldig zu sein. Dabei muß es sich gar nicht um eine bestimmte Schuld handeln. Ich bin sicher, dieser Mann ist nicht schuldiger als irgend jemand in seiner Umgebung. Aber in seinem Innersten hockt die Angst, schuldig zu werden: an seinen Eltern vielleicht, an seiner Familie vielleicht, an sich selbst, vielleicht auch an Gott. Diese Angst vor dem Schuldigwerden hat er schließlich nur noch in Lähmung ausdrücken können. Nun spricht Jesus ihn frei: Zwischen dir und mir, zwischen dir und Gott steht nichts.

Dieses Wort Jesu ist nicht nur an den Gelähmten gerichtet, sondern ebenso an seine Umgebung, an die Öffentlichkeit mit ihren verdeckten Schuldzuweisungen. Der Gelähmte hat längst nicht mehr die Kraft, sich gegen diese schuldzuweisende Umgebung aufzulehnen. Das tut Jesus denn auch hier an seiner Stelle! Das Wort »Vergebung« in der Muttersprache Jesu (im Aramäischen) heißt so viel wie »Tragen«, »Mittragen«. So sagt er also: Mein Kind, mein Sohn, deine Lebensschuld, dein Lebensschicksal ist getragen. Du bist getragen von deinen Freunden. Du bist getragen von mir, von Gott – und nun käme es noch darauf an, daß die Öffentlichkeit dich mitträgt.

Die Öffentlichkeit aber in Gestalt der Spitzenleute ist empört über das Wort Jesu: Dir sind deine Sünden vergeben. Statt sich mitzufreuen, sind sie empört. Offenbar hat Jesus mit diesem Wort genau ihren empfindlichsten Punkt getroffen. Er hat die krankmachende Regel der Gesellschaft angetastet.

Man spricht ja vom »Symptomträger« der Familie oder der Gesellschaft. Das heißt: Eine Familie oder Gruppe kriegt es fertig, alle belastenden Dinge auf *ein* bestimmtes Mitglied der Familie oder der Gruppe abzuwälzen. Und das ist dann »unser Sorgenkind«, das »Asthmakind«, das »gelähmte Kind«. Und alle können dann auf das eine Mitglied zeigen: Seht Ihr, der Gelähmte, der muß schuld haben. (Oder seine Familie muß schuld haben, so kann man es heute oft hören.) Und alle anderen können so tun, als wären sie davon frei, können sich die Selbsteinsicht ersparen.

Jesus spricht öffentlich diesen Zusammenhang an. Deine Sünden sind dir vergeben, das heißt: Ich sage dir hiermit öffentlich, so daß alle es hören: Daß du krank bist, ist nicht deine Schuld. Und wenn andere dir das einreden und wenn du selbst das von dir denkst – ich sehe dir an, du hast längst nicht mehr die Kraft, nach so vielen Jahren der Einflüsterung von Schuld, dich gegen die Schuldzuweisung deiner Umgebung aufzulehnen. Deshalb tue ich es hier öffentlich an deiner Stelle und stehe damit an Gottes Stelle zwischen dir und den anderen!

Empörung ringsum! Aber sie sprechen die Empörung nicht aus. Es ist Schweigen im Raum, lähmendes Schweigen. Es fällt kein Wort. Doch man sieht es an den Gesichtern, an den abweisenden Mündern, an der erstarrten Körperhaltung!

Jesus spürt das. Er merkt den Gegendruck, die Feindseligkeit, die Störung. Hier droht erneut Lähmung durch die Öffentlichkeit. Es könnte sein, daß der Gelähmte wieder gelähmt hinausgetragen werden muß, weil die Gesunden eine Heilung an der Wurzel des Übels nicht zulassen. Es könnte sein, daß jetzt keine Heilung geschehen kann!

Deshalb wendet Jesus seine Aufmerksamkeit zunächst dieser lähmenden Störung zu, wendet sich seinen Gegnern zu und spricht aus, was diese unter ihrem steinernen Schweigen verbergen: »Was denkt ihr da in Euren Herzen«, sagt er ihnen. (Er deckt auf, was unterschwellig gegen ihn gerichtet ist. Und indem er es aufdeckt, verliert es seine lähmende Macht.) Für einen Moment drohen die Heilungsverhinderer zur Hauptsache zu werden. Aber Jesus läßt sich nicht irritieren. Und damit der Gelähmte die Hauptsache bleibt (und nicht die selbstsicheren Gesunden), und damit der Glaube der vier Freunde nicht um seine Wirkung betrogen wird, muß Jesus ganz zu sich und seiner Person stehen. Er darf sich jetzt nicht einen Millimeter seiner Persönlichkeit, seiner »Power«, seiner Selbstbehauptung abmarkten lassen. Hier steht noch einmal alles auf des Messers Schneide, bis Jesus sich dem Gelähmten zuwendet und das letzte heilende Wort sagt: Steh auf, stell dich auf die Beine. Du kannst gehen. Ich nehme dich in Schutz gegen alle, die dich wieder lähmen wollen.

Heilung scheint sich hier in wenigen Augenblicken zu vollziehen. Das *scheint* nur so. Ich vermute, daß wir hier sozusagen den Endpunkt eines Heilungsprozesses erleben. Die Freunde zum Beispiel, die ihn tragen, haben längst schon heilende Wirkung ausgeübt.

Heilung von seelisch bewirkter Lähmung dauert meist Jahre. Ja, Heilung kann in vielen Fällen heißen: Mich mit dem annehmen zu lernen, was sich nicht mehr ändern läßt. Ich kenne Heilung so, daß man sich über Jahre hin mit sich und der Umgebung auseinandersetzen muß, daß man es lernen muß, sich abzugrenzen, sich zu wehren, »Nein« zu sagen, »Ich« zu sagen, den Aufstand gegen die unterdrückenden Botschaften zu wagen, unterstützt von Menschen, die zu einem stehen. Und das ist meist ein langer Weg, auf dem man gute Freunde und Begleiter braucht.

Das Angehörigenschicksal einer Mutter – Versuch einer Abgrenzung

Markus 7,24–30

Ich war ein Kind von sieben oder acht Jahren. Die Nachbarin stand weinend bei uns in der Küche. Ihr Sohn war als Soldat schwer verwundet worden.

Da höre ich meine Mutter sagen: Ja, wenn man mit ansehen muß, wie das eigene Kind leidet, das ist schlimmer, als wenn man selbst leidet.

Ich habe dieses Wort nicht vergessen.

Die Frau in unserer Geschichte steht stellvertretend für alle, die am Leid, am Schicksal eines nahen Menschen zu zerbrechen drohen.

Die besondere Not dieser Frau wird in einem kurzen Satz benannt: Ihr Töchterlein hatte einen »Dämon« (einen »Aber-Geist«, wie jemand vorgeschlagen hat zu übersetzen). Dies ist für uns heute eine etwas fremdartige, sperrige Diagnose. Aber die *Richtung* dieses Wortes ist völlig klar. Das Unglück dieser Frau ist nicht, daß ihre Tochter einen Unfall oder eine Verwundung erlitten hätte und nun körperlich behindert durchs Leben gehen müßte (wie das beim Sohn unserer Nachbarin der Fall war) – ein solches Leiden wäre schwer genug. Aber die menschliche *Beziehung* müßte davon *nicht* krank sein. Die Beziehung zwischen Tochter und Mutter müßte daran nicht schier zerbrechen. Man könnte ein solches Schicksal gemeinsam und in gegenseitiger Hilfe durchstehen.

Nein, das Leiden dieser Frau ist noch ein ganz anderes: Es sieht so aus, als ob ihre Tochter davon besessen wäre, wie unter Zwang, sich selbst zu schädigen. Und alle Ratschläge, alles Fürsorgen, alle Hilfsangebote der Mutter helfen nicht. Im Gegenteil, die Mutter macht die Erfahrung: Je mehr *ich* helfen will, um so schlimmer wird es mit *ihr.* Und je schlimmer wird es mit der *Beziehung* zwischen ihr und mir. Immer wenn ich ihr etwas Helfendes tun will, hat sie ein »Aber« dagegen. Und das schaukelt sich hoch und wird unerträglich – wie besessen von einem »Aber-Geist«!

»Besessen« sagte man damals, wenn man Intensität und Ursache eines solchen Leidens nicht erklären konnte. Heute sagen wir in einem solchen Falle, ein Mensch sei psychisch krank. Und das ist ein weiter Begriff. Eines haben alle psychischen Erkrankungen gemeinsam: Sie belasten die *Beziehung* der Menschen, die davon betroffen und mitbetroffen sind.

Es gibt psychische Erkrankungen, deren Ursache wir nicht ganz erklären können. Es gibt aber auch psychische Erkrankungen, bei denen wir sagen können: Sie beziehen ihre schädigende Energie vor allem aus krankmachenden Beziehungen. Und um eine solche Beziehungskrankheit scheint es sich in diesem Fall zu handeln, wie an der Art der Heilung nachher deutlich wird: Da ist diese Mutter – von einem Ehemann bzw. Vater, der das Schicksal mittrüge, ist nicht die Rede - da ist diese Mutter mit ihrem offenbar einzigen Kind. Dieses Kind ist ihr Leben, ihre Zukunft, ihr Stolz, ihre Stütze. Und je mehr es das ist, um so mehr ist es auch notwendig Gegenstand ihrer Unruhe, ihrer Angst und Sorge. Vor allem dann, wenn das Kind sich anders entwickelt, als die Mutter es möchte. Wie leicht reagiert man da als Eltern überfürsorglich, ängstlich, behütend. Und man merkt nicht, daß das lauter Übergriffe sind auf die eigenständige Persönlichkeit der Tochter, lauter Grenzüberschreitungen. Man möchte das Kind bewahren. Und in Wirklichkeit bedrängt man es. Und so wird aus der Überfürsorglichkeit und Ängstlichkeit der Mutter (zugespitzt gesagt) so etwas wie der »Aber-Geist« der Tochter.

Die Tochter in unserer Geschichte kann sich offenbar gegen die Mutter nur noch auf die Weise wehren, daß sie auf alles, was von der Mutter kommt, wie »besessen« reagiert. Und das wiederum treibt die Mutter in ein Dilemma: Nämlich zu immer heftigeren Anstrengungen und gutgemeinten, aber letztlich schädlichen Grenzüberschreitungen. Und sie weiß doch nicht, wie sie es ändern könnte. Das ist zum Verzweifeln!

Diese Mutter mit *ihrer* Geschichte kommt nun zu Jesus mit *seiner* Geschichte. Und das ist das Spannende.

Wir kennen Jesus als den, der, wenn er gebeten wird, hilft. Und oft hilft er ungebeten. *Dieser* Frau gegenüber verhält er sich ganz anders – nach dem Motto: Frau, mit dir will ich nichts zu tun haben! Man wirft Hunden nicht das Brot der Kinder vor!

Man kennt ihn gar nicht wieder, diesen Jesus aus Nazareth, dieses Urbeispiel eines Helfers in der Not. Ist das denn derselbe, den wir sonst im Sinne haben, wenn wir an das Neue Testament denken?

Wenn man den Zusammenhang liest, entdeckt man: Die Frau mit *ihrer* Bedrängnis trifft einen Jesus an, der selber in Bedrängnis ist. Vorher wird berichtet, wie man überall, wo Jesus auftaucht, die Kranken zu ihm bringt, auf den Marktplätzen, in den Dörfern, am See. Die Gelehrten haben sich zusammengetan und wollen sich mit ihm auseinandersetzen – überall wollen die Menschen etwas von ihm. Manchmal wollen sie ihn nur anrühren, von seiner Energie etwas abbekommen. Es wird zuviel. Er muß sich regelrecht vor dem Andrang der Menschen retten.

Zweimal vorher schon berichtet Markus, daß Jesus ein ganzes Dorf stehen läßt, sich ins Boot setzt und einfach von den Leuten wegfährt. Und nun ist er (zum dritten Mal innerhalb kurzer Zeit!), um sich vor dem Andrang seiner Landsleute zu retten, sogar über die Grenze, ins Ausland, nach Syrien gegangen, hat sich in einem Haus versteckt, damit nur ja niemand erfährt, wo er ist.

Das alles macht den Eindruck: Jesus ist verausgabt. Er braucht Ruhe und Abstand. Er braucht die Grenze zwischen sich und seinen hilfesuchenden Landsleuten.

Jesus am Ende? – Eine solche Sichtweise verträgt sich schlecht mit dem idealisierten Jesus-Helfer-Bild. Jesus ist mir fast immer als der Ideal-Helfer vorgestellt worden, der immer hilfs- und dienstbereit ist. Ein solches Helferideal, gar noch als Vorbild, kann auf die Dauer erdrückend und unmenschlich wirken. Nein, Jesus verausgabt, am Ende. Er hat sich über die Grenze gerettet, um sich abzugrenzen, will jetzt mit niemandem zu tun haben. Und in diese Situation hinein kommt die verzweifelte Mutter ihm über die Schwelle, sieht gar nicht, daß der Mann nicht zu sprechen ist, merkt nicht, daß er selbst am Ende ist, nein, sie sieht nur ihre Not, wirft sich auf den Boden und ruft: Hilfe! Meine Tochter hat einen Dämon! Hilf meiner Tochter! – Eine bedrängte Mutter in Panik. Sie überflutet Jesus regelrecht mit ihrer Not.

Was macht Jesus?

Er reagiert kühl und schroff. Er sagt der verzweifelten Mutter: Es ist nicht gut, daß man den Kindern (den eigenen Landsleuten) das Brot nehme und gebe es den Hunden (den Ausländern). Er sagt ihr mit anderen Worten: Du bist Ausländerin. Für dich bin ich nicht zuständig. Hunden gebe ich nichts.

Es stockt einem der Atem, wenn man das hört. Wenn sich so eine Mitarbeiterin des Pflegedienstes, eine Ärztin oder ein Seelsorger gegenüber einer verzweifelten Angehörigen verhalten würde – morgen stünde es als Skandal in der Zeitung. Diese Antwort Jesu (wie man's auch deutet – später hat man's »heilsgeschichtlich« beschönigend gedeutet) – diese Antwort Jesu finde ich auf Anhieb schwer erträglich. In einer normalen Belastungssituation ist eine solche Schroffheit auch kaum denkbar. Ich kann mir aber durchaus vorstellen, daß jemand, der völlig »fertig« ist, so reagiert. Wenn ich mir vor Augen halte: Jesus braucht wirklich Abstand, Ruhe, ist über die Grenze gegangen, um die Bedrängnis der Menschen loszuwerden, und da kommt diese Frau und respektiert keine Grenze – das ist doch verzweifelt unverschämt.

Und nebenbei: Ich vermute, was diese Frau mit Jesus macht, das macht sie wahrscheinlich auch mit ihrer Tochter. Sie respektiert deren Grenze nicht. Eine junge Frau sagte mir im Gespräch über diese Szene: Ich könnte mir nicht vorstellen, als Tochter mit solch einer verzweifelten Mutter auch nur einen Tag im selben Haus zu leben!

Und damit erscheint die schroffe Antwort Jesu nun doch auch in einem *anderen* Licht: Jesus reagiert auf die verzweifelte Unverschämtheit dieser Frau mit einer gezielten Unverschämtheit.

Und es sieht so aus, als ob das die Sprache wäre, die diese Frau versteht. Ja, vielleicht ist *das* sogar die erste Hilfe, die dieser Frau widerfährt: Daß ihr einer die Grenze zeigt (egal wie)!

Wenn es so sein sollte, daß diese Mutter in ihrer Überfürsorge die Grenzen ihrer Tochter nicht achtet, dann kann für sie gerade das hilfreich sein, daß ihr ein Stopschild hingehalten wird: Halt, Grenze! Betreten nicht erlaubt!

Und nicht nur das. Diese Mutter, die selbst immer helfen will und helfen muß, die immer nur sagt: Ich will doch dein Bestes – ich denke mir, für sie ist es heilsam zu erleben, daß ein Helfer es wagt, *nicht* zu helfen. Das könnte ihr ein Beispiel sein, ihrerseits nicht immer helfen zu müssen. (Vielleicht das Schwerste, was es gibt in einer solchen Beziehung!)

Im Bereich der helfenden Berufe erleben wir gelegentlich ähnliches: Nämlich, daß in bestimmten Situationen nicht Fürsorge, sondern Verweigerung heilend ist. Und auch, es auszuhalten, daß man als Helfer nicht helfen kann, weil man selbst am Ende ist – gerade so etwas kann überraschend hilfreich sein.

Immer aber bedeutet dies eine schmerzliche Auseinandersetzung mit sich selbst, mit den eigenen Helferidealen, aber auch mit dem, der nach Hilfe schreit. Und wenn es gutgeht, können *beide* durch eine solche Auseinandersetzung verändert werden: Helfer und Hilfsbedürftige.

Und so ist es auch damals. Beide werden sie verändert. Die Frau gewiß – aber auch Jesus! Zwar sieht es zunächst so aus, als ob Jesus mit seinem schroffen Nein die Unverschämtheit dieser Frau stoppt. Aber dann gelingt es dieser Frau doch, nun auch seine Unverschämtheit zu überwinden, ja sie zu ihrem Vorteil umzumünzen. Hat Jesus ihr gesagt: Man nimmt nicht den Kindern das Brot und wirft es den Hunden vor, so sagt sie: Ja Herr, und doch essen die Hunde unterm Tisch von den Brosamen der Kinder ...

Was für ein Wort! Und was für eine *Veränderung* auf seiten dieser Frau! In diesem Wort ist nichts mehr von Panik, nichts mehr davon, daß sie Jesus überflutet, grenzenlos wie am Anfang. Dieses Wort zeigt, sie hat die *Grenze* akzeptiert, die ihr gesetzt worden ist: »Ja, Herr« ... Aber gleichzeitig vertritt sie ihr

Interesse, ganz anders als zuvor, nämlich mit Lebensschläue, mit Gewitztheit, als wäre sie eine ganz andere Person, als hätte Jesus durch seine Grenzziehung die Kraft ihrer Persönlichkeit herausgefordert! Sie überhört einfach die Kränkung, die Abweisung und sucht das letzte Krümelchen, den letzten Brosamen ihrer Chance: Gut, sagt sie, bin ich eine Hündin. Aber Hunde bekommen doch etwas ab von den Brosamen. Bitte schön, Herr, Brosamen für eine Hündin!

Plötzlich lebt in dieser Frau etwas von der Vollblutnatur orientalischer Händlerinnen, die nicht lockerlassen. Wenn man da nur ein halbes Nein sagt, dann ist man schon verkauft und man wird kaufen, obwohl man es vorher gar nicht wollte. So ist diese Frau. Jesus hat fast ein ganzes Nein gesagt, aber nur fast. Eine Brosamen-Chance steckt noch drin in seinem Nein. Und diese Frau in ihrer verzweifelten Schläue hebt diesen hingeworfenen Brosamen auf und verwandelt ihn in nährendes Brot für sich: Gut, Herr! Bin ich nur eine Hündin. Aber eine Hündin lebt von den Brosamen der Kinder. Darauf hat sie ein Recht.

Was für eine gerissene Person! Im Matthäus-Evangelium nennt Jesus diese gewitzte, verzweifelte Überlebenskunst der Frau »Glauben«, und auch hier, in der bei Markus erzählten Geschichte, reagiert Jesus sofort ganz anders auf diese veränderte Tonlage: Er läßt sich umdrehen, läßt sich bekehren. Ja, jetzt wird er helfen. Aber wie!: Wegen dieses Wortes, Frau, geh hin ..., sagt er. Jesus verweist die Frau auf ihr eigenes Wort, auf ihre eigene Veränderung, auf ihre eigene enorme Fähigkeit, mit Widerstand und Abweisung umzugehen. Wenn du so mit meiner Abweisung umgehen kannst, wenn du so meine Grenze respektierst und doch deine Interessen vertrittst – dann brauchst du dich auch nicht mehr vor dem Aber-Geist der Tochter zu fürchten. Wegen dieses Wortes, sagt er, geh hin! Du wirst erleben, der Aber-Geist ist aus deiner Tochter ausgefahren.

Auffällig ist, was Jesus nicht tut: Er macht nicht die Tochter zur Patientin. Er sagt nicht: Gut, Frau, ich gehe mit dir zu deiner Tochter, werde sehen, was ihr fehlt und dann als Therapeut an ihr das Heilende tun.

Nein, nichts davon! Das Entscheidende geschieht hier, es geschieht in der jetzigen Begegnung zwischen Jesus und der Mutter. Die Veränderung der *Mutter* ist es, auf die es hier ankommt. Offenbar vertraut Jesus darauf, daß sich das gesamte Beziehungsgefüge verändert, wenn in einer gespannten Beziehung *ein* Mitglied sich verändert. Wenn *eine* Beteiligte es lernt, die Grenze zu achten zwischen Ich und Du, Mein und Dein, und doch gleichzeitig die eigenen Interessen vertritt, nicht mehr panisch reagiert, sondern die eigenen Kräfte entdeckt – hat dies Auswirkungen auf das Befinden und die Verhaltensweisen auch der anderen!

Jesus geht nicht zur Tochter. Er bleibt in diesem Falle bei der Mutter als der Person, auf die es ankommt, mit der es zu tun hat: *Du* wirst finden, wie *du* geglaubt hast. *Deine* Veränderung macht Veränderung zu Hause möglich. Du wirst deine Tochter verändert vorfinden.

Und tatsächlich, die Mutter findet, als sie nach Hause kommt, die Tochter verändert vor, als ob der Aber-Geist aus ihr ausgefahren wäre »Und wenn sie hinging, zurück nach Hause, fand sie das Kind auf dem Bett liegend – und den Dämon ausgefahren ...«

Hier wird eine heilende Veränderung als kurzer Prozeß geschildert. Bei uns dauern vergleichbare Veränderungen in der Regel Wochen, Monate oder gar Jahre. Und manchmal erleben wir so etwas nie.

Und wer weiß, wie es damals weitergegangen ist. Wer weiß, wie oft noch Rückfälle kommen, wie oft die Mutter auch künftig überfürsorglich und ängstlich reagierte und Grenzen nicht achtete. Und wer weiß, wie oft die Tochter auch künftig sich nur mit äußersten Mitteln meinte wehren zu müssen. Ich bin sicher: Das tägliche Zusammenleben zwischen den beiden war auch künftig immer wieder schwierig.

Aber sie haben diese erste heilsame Erfahrung gemacht, vor allem die Mutter. Sie hat Jesus erfahren, der ihr die Grenze zeigte, der damit ihre Kraft herausforderte, und der sich von ihr doch hat überwinden lassen – beides. Und das wird sie so schnell nicht vergessen.

Männer und »die Frau« – Versuch einer Annäherung

Lukas 7,36–50

Anhand von drei Sätzen möchte ich im folgenden die Geschichte von der Salbung Jesu durch die sogenannte »Sünderin« im Haus des Pharisäers Simon nachzeichnen.

Der *erste* Satz: »Und siehe, eine Frau war in der Stadt, die war eine Sünderin.«

Der *zweite* Satz: »Als der Pharisäer Simon das sah, dachte er bei sich selbst: Wenn dieser ein Prophet wäre, wüßte er, was für eine Frau das ist, die ihn da anrührt ...«

Und der *dritte* Satz: »Jesus wandte sich zu der Frau und sprach zu Simon: Siehst du diese Frau?«

I

Und siehe, eine Frau war in der Stadt, die war eine Sünderin. Eine Frau, eine Sünderin, heißt es da. Wir erfahren ihren Namen nicht. Wir erfahren über sie nur: Eine Frau, eine Sünderin. So, als wäre dies ihr Beruf, Sünderin zu sein, als wäre dies das einzige, was über sie zu sagen ist, als würde alles andere nichts gelten.

Es ist klar, was die Männer über sie denken, wenn sie sagen: Eine Frau, eine Sünderin. Und es ist wohl auch klar, was die Frauen über sie denken, wenn sie sagen: Die! Eine Sünderin.

Mit so einem Wort ist sie gekennzeichnet, diese Frau. Sie kann nun tun, was sie will. Sie kann Menschen lieben oder freundlich sein, sie kann alles hergeben – man wird sagen: Sie ist doch eine Sünderin! Sie kann sich empören, sich dagegen wehren, sie kann verstummen – man wird sagen: Siehst du, eine Sünderin! Fertig ist das Urteil. Schublade »Sünderin«. Wenn man einmal da drin steckt, kommt man so leicht nicht wieder heraus.

Vielleicht haben wir das so kraß noch nicht erlebt. Aber etwas Ähnliches kennen wir vielleicht doch auch: Ein Wort – und man ist festgelegt. »Versager« ist so ein Wort. Oder Feigling oder Muttersöhnchen. »Krank« kann so ein Wort sein, Alkoholiker. Und auch das Wort »Patient« kann einem ankleben, und man wird es nur schwer wieder los. Irgendwann hat das vielleicht einmal gestimmt. Aber nun ist man darauf festgenagelt.

Mit diesem Wort hat man unsere Seele besetzt und auch unser Tun. Wie sollen wir uns gegen ein solches Wort wehren? Da wird der Mensch sprachlos.

Und so ergeht es der Frau damals, die man »die Sünderin« nennt. Sie wird sprachlos. Sie sagt kein Wort mehr. Sie spricht nur noch in Gesten, mit den Händen, mit ihren Tränen, mit ihrer Hingabe, mit ihrer Zärtlichkeit. Alles stumm, ohne Worte.

Und die Pharisäer dort in der Runde, die damals die Macht haben, die die öffentliche Meinung bestimmen, sie werden sie erneut stumm machen. Man sieht förmlich, was sie über diese Frau denken, die da hereinkommt in diese Männergesellschaft und Jesus mit aufgelöstem Haar die Füße küßt.

II

»Als der Pharisäer Simon das sah, dachte er bei sich ...« – ja, so ist er, der Pharisäer damals wie heute, der Pharisäer neben mir und der Pharisäer in mir. Er sieht sich das an, denkt sich seinen Teil – und sagt nichts. Aber an seinem Gesicht, an seinem zugekniffenen Mund, an seiner abweisenden Körperhaltung ist deutlich abzulesen, was er denkt. Nachher wird er mit seinen Gesinnungsfreunden über Jesus und diese Frau reden und das Urteil fällen. Jetzt schweigt er und denkt bei sich: Wenn dieser ein Prophet wäre, wüßte er, was das für eine Frau ist.

Es gibt viele Geschichten, in denen ähnliches passiert, damals wie heute. Und wir kennen sicherlich eine solche Atmosphäre, wo es nur so knistert, wo man die Spannungen merkt, wo aber nichts ausgesprochen wird! Und man spürt am ganzen Leibe, wie unerträglich das ist, dieses Schweigen voller Spannungen und Urteile übereinander.

Unerträglich etwa zu Hause bei Tisch die Spannungen in der Familie, vor allem für Kinder, die so etwas miterleben müssen, es noch nicht begreifen, aber dem ausgeliefert sind ... Unerträglich überall, wo das so ist in Familien, zwischen Paaren, zwischen Kollegen, auf Stationen. Und was für eine Befreiung, wenn eine oder einer den Mut hat, dieses Schweigen zu brechen. Es muß zuweilen regelrecht »gebrochen« werden, dieses Schweigen.

Damals ist es Jesus, der das Schweigen bricht, und zwar bald. Er läßt diese aufgeladene Atmosphäre erst gar nicht aufkommen. Er beendet das stumme Urteilen, das abfällige Herabblikken auf diese Frau. Und er macht das nicht auf Umwegen, nein, er spricht den Schweiger direkt und offen an. »Simon, ich habe dir etwas zu sagen ...«

Man spürt regelrecht, wie dieser Satz Luft schafft, Luft zum Atmen. Und man kann sich nur wünschen, daß in solchen Situationen jemand das lösende Wort findet, das direkte Wort, so daß man anfangen kann, miteinander zu reden.

III

Jesus wendet sich an die Frau und spricht zu Simon: *Siehst* du diese Frau ...

Das klingt so, als ob Simon sie noch gar nicht gesehen hätte, als ob er noch gar nicht hingeschaut hätte. Und ich denke, so ist es. Ich kann mir gut vorstellen: Er hat sie zwar gesehen, aber sofort weggeschaut. Denn das ist ja eine Frau! Die tritt ja auf! In einer Weise! Da darf man als anständiger Pharisäer auch gar nicht genau hinschauen! Außerdem, man kennt sie doch. Man kennt doch solche Frauen – oder nicht?

Nein, »Simon *siehst* du *diese* Frau, diese wirkliche, leibhaftige Frau vor deinen Augen? Siehst du sie wirklich, wer sie ist? Und was sie da tut und wagt?«

Ich fürchte, es fällt uns bis heute schwer, diese Frau wirklich zu *sehen*. Ich vermute, wir haben sie uns »gottesdienstlich« anständig zurechtgekleidet, ich auch. Ich vermute, wir mögen bis heute nicht so genau hinschauen, wie da eine Frau Jesus so zärtlich anrührt und öffentlich küßt. Und ich vermute, es wäre uns heute noch peinlich mitzuerleben, wie diese Frau hemmungslos weint – öffentlich – und diesem Mann Jesus dabei die Füße salbt.

Wieviel mehr in der damaligen Situation beim großen Gastmahl des Pharisäers Simon. Da prallen Gegensätze aufeinander. Lauter Männer sind da. Und bei solchen Gastmählern sammelte sich alles mögliche neugierige Publikum. Und eines ist klar in dieser Gesellschaft: Hier herrschen religiöse Gesetze, und das sind Männergesetze. Frauen haben hier nichts zu suchen, außer daß sie verschleiert die Speisen auftragen dürfen. Hier herrschen auch Berührungsverbote. Es ist verboten, kranke oder sündige Menschen zu berühren, vor allem, wenn sie im sexuellen Bereich als »unrein« gelten. Wer sie berührt oder sich berühren läßt, ist ebenfalls »unrein« (also nicht gesellschaftsfähig). Das sind die Gesetze dieser religiösen Männergesellschaft. Für Liebe, für Zärtlichkeit ist kein Raum.

Und nun kommt diese Frau herein und setzt sich über das alles hinweg. Kommt herein mit ihrem (für damalige Begriffe) unanständig offenen Haar, nicht verschleiert, eine Unberührbare, kommt herein, so wie sie ist, und jeder kann sehen, *wer* sie ist.

Ja, das versteckt sie keinen Augenblick lang. Sie versteckt ihre Geschichte nicht, und sie versteckt ihre Gefühle nicht. Sie kommt da herein mit all ihrer Zärtlichkeit, die sie vielleicht nie wirklich »ausgegeben« hat. Ähnlich wie das teure, angesparte Salböl. Vielleicht hat sie das alles aufgespart für den einen Augenblick und für den einen, der sie nicht verachtet, nicht benutzt, nicht mißbraucht. Aufgespart für einen, der sie liebt, und der sich mit seiner Liebe öffentlich zu ihr bekennt. So kommt sie herein durch das Spalier des pfeifenden Publikums und unter den

Blicken der empörten Pharisäer. Und keiner außer dem einen merkt, wieviel sie das kostet!

Ich denke mir, daß es rundherum so etwas wie eine Schocksekunde gegeben hat, daß vor allem dem Gastgeber, dem Pharisäer Simon, der Atem stockt, bis er dann zumindest *innerlich* seine Sprache wiederfindet: »Wenn dieser ein Prophet wäre, wüßte er, was für eine Frau das ist, eine Unberührbare.« Diese Frau bringt an den Tag, in welcher Gesellschaft dieser Mann Jesus sich bewegt und was für eine Gesinnung er hat. Wen habe ich mir da nur eingeladen! Peinlich, die ganze Situation ist mir ungeheuer peinlich. So etwas in meinem Haus!

Und Jesus? – Ich habe den Eindruck, das ist ihm überhaupt nicht peinlich. Er läßt das überströmende Verhalten dieser Frau keineswegs nur »über sich ergehen«. Im Gegenteil, sie ist mit ihrer Liebe zu ihm seine Verbündete in dieser verhärteten Gesellschaft um ihn her.

Wir sind es gewohnt, uns Jesus vorzustellen als einen, der für sich selbst nichts braucht, der nur gibt, und der in dieser Szene gnädig die peinliche Liebe dieser Frau – na ja, »akzeptiert«. Wäre es so, ein solches Verhalten wäre auch wieder nur eine – mitleidig verpackte – Abweisung. Ich bin sicher, diese Frau würde das genau spüren. Diese Frau mit den verletzten und verletzlichen Sonden ihrer Liebe hat ein untrügliches Gespür für jede Art von Abwertung, auch für die mitleidige.

Nein, Jesus ist von ihr berührt. Hier berührt sich Liebe mit Liebe, ihre mit der seinen, seine mit der ihren. Und deshalb wirbt Jesus für diese Frau *und* für sich, wenn er sich der Frau zuwendet und zugleich den Pharisäer anspricht: »Simon, siehst du diese Frau?« Er wirbt aber nicht nur für sich und diese Frau mit dieser Frage, er wirbt auch um Simon, genauer gesagt: Er wirbt um etwas in Simon, was dieser längst in sich begraben hat, was er hinter seiner religiös und moralisch versteinerten Fassade verbirgt. Er wirbt um seine Liebesfähigkeit. Sozusagen um sein »Herz«, damit er wieder mit dem »Herzen sehen lernt«.

»Simon, siehst du diese Frau?« An ihr kannst du sehen, was Liebe ist. Ich bin in dein Haus gekommen. Wasser, um meine vom Weg staubigen Füße zu waschen, hast du mir nicht gegeben. Sie aber hat meine Füße mit ihren Tränen benetzt und mit ihren Haaren getrocknet. Du hast mir keinen Begrüßungskuß gegeben. Sie aber hat, seit sie hereingekommen ist, nicht abgelassen, meine Füße zu küssen. Du hast mein Haupt nicht mit Öl gesalbt, wie es der Begrüßungssitte entspräche. Sie aber hat meine Füße mit Salböl gesalbt.

»Simon, siehst Du diese Frau?« Ja Simon, du bist ein korrekter Mann. Wollte man dein Leben und ihr Leben vergleichen, wollte man rechnen: Dein Sündenkonto wäre wahrscheinlich geringer als das ihre. Vergleicht man aber, was sie mir jetzt gibt an Liebe hier vor aller Augen und was du mir verweigert hast vor aller Augen – dann ist deutlich: Diese Frau kann lieben (ohne zu rechnen!). Diese von dir verachtete »Sünderin« ist eine Frau, die zur Liebe fähig ist, Simon. Und das wiegt alles auf, was man sonst über sie urteilen könnte.

»Simon, siehst du diese Frau?« – wir wissen nicht, ob er sie anders angesehen hat. In der biblischen Geschichte bleiben die Frau und die Pharisäer Gegensätze. Sie treten nicht direkt miteinander in Kontakt oder in Beziehung. Wir erfahren auch nicht, ob es so geblieben ist oder ob sich an der Einschätzung der beiden etwas geändert hat.

Wir haben in einer Gruppe diese Geschichte einmal gespielt. Da hat sich – nicht nur im Spiel – etwas geändert an der Beziehung zwischen der Frau und dem Pharisäer, und zwar sehr zu meiner Überraschung. Und davon möchte ich nun am Schluß erzählen:

Eine Frau, die bei den meisten Teilnehmern der Gruppe als Außenseiterin galt, spielte die Rolle der Sünderin. Diese Frau hatte ihren leiblichen Vater nie gekannt, war unehelich geboren, galt in ihrer Ursprungsfamilie als »Schande«, wurde von ihren Stiefbrüdern als Heulsuse gehänselt. Als Kind schon hatte sie immer alles verschenkt (außer ihrer Lieblingspuppe), aber das hatte ihr nichts genützt, es wurde vielmehr ausgenützt. Mit 18 war sie zum ersten Mal verheiratet, nur um von zu Hause fortzukommen. Inzwischen zweimal geschieden, ist sie nun alleinerziehende Mutter.

Sie also spielt die »Sünderin«, und sie wählt sich die anderen

Figuren aus: Den, der Jesus spielen soll (das war jemand, der zu ihr hielt, selbst ein Außenseiter in der Gruppe) und den, der den Pharisäer Simon spielen soll (das war der Teilnehmer, der sie am heftigsten ablehnte) und dann noch die anderen Pharisäer, das Publikum des Gastmahls.

Wir hatten dort eine kleine Spielbühne, auf der wir diese Geschichte spielten: Wie die Pharisäer dort versammelt sind, wie Jesus hereinkommt und sehr zurückhaltend begrüßt wird, wie man sich zu Tische »legt«, auf Kissen gestützt, wie im Orient üblich. Und als man gerade mit dem Essen beginnen will – da geht die Tür auf und herein tritt diese Frau. Sie trägt ihr schönstes Kleid, in der Hand eine Dose mit kostbarer Hautcreme. Sie tritt mitten hinein in diese »Pharisäergesellschaft«, achtet nicht darauf, wie sie zischeln: Unerhört! Was will diese Sünderin hier! Diese Dirne!, schaut weder rechts noch links, geht ein wenig scheu, aber unbeirrt auf »ihren Jesus« zu, sagt zu ihm, du bist der einzige in dieser Runde, der mich wirklich versteht, und kniet nieder, um ihm die Füße zu salben. Er aber wendet sich ihr zu und streicht ihr übers Haar.

Und dann geschieht es: Aus dem Spiel wird für diese Frau völliger Ernst. Wie in der Geschichte die sogenannte Sünderin, so fängt nun diese Frau an, erschütternd zu weinen. Und plötzlich verändert sich in der Runde alles. Jeder begreift: Diese Frau weint über sich selbst. Und sie, die als Kind schon immer alles verschenkt hat, nur um anerkannt zu sein, sie schüttet nun ihre kostbare Hautcreme auf den, der die Rolle Jesu hat, streichelt ihn zärtlich, löst ihr Haar auf und hört nicht auf zu weinen. Weint, wie sie später sagt, ihr ganzes Kindheitselend aus sich heraus, beweint ihr Scheitern und ihre vergeblichen Liebesversuche. Und weint, weil sie gerührt ist, daß es hier einen gibt, der sie versteht und der ihre Liebe annimmt.

Nach einer Weile faßt sie sich, steht auf, ordnet ihr Haar, schaut in die Runde, wo alle betroffen sitzen, wendet sich um und will den Raum verlassen. In diesem Augenblick geschieht etwas, was uns alle überrascht: Der Mann, der den Pharisäer Simon spielt, etwa 60 Jahre alt, stets korrekt gekleidet (für ihn ist das Wichtigste, sich nach dem zu richten, was sich gehört), dieser korrekte Herr, der auch beim Spiel seine Krawatte nicht abgelegt hatte, er steht auf, läuft hinter der Frau her, die die Sünderin gespielt hat, hält sie gerade, als sie den Raum verlassen will, zurück und bittet sie, doch noch einmal hereinzukommen. Bittet sie, sich ihm gegenüberzusetzen. Er möchte ihr etwas sagen.

Und dann bekennt er ihr, immer von Schweigen unterbrochen: Es habe ihn sehr verletzt, daß sie ausgerechnet ihn als Pharisäer für das Spiel gewählt habe. Aber ich bin es, sagt er. Ich habe dich nach außen hin gemieden und öfter verächtlich behandelt, aber heimlich habe ich dich als Frau begehrt. So ist das wohl bei uns Pharisäern. Ich kann so wenig nach außen zeigen, was ich in mir empfinde, sagt er. Das ist oft meine Not. Ich bin tief davon berührt, wie du deine Liebe verströmen kannst.

Da nimmt die Frau, die die »Sünderin« gespielt hat, ihre Cremedose, nimmt seine Hand in ihre Hand und streichelt sie und cremt sie ein mit dem, was übrig ist. Und während sie seine Hände streichelt, beginnt der korrekte Mann erschütternd zu weinen. Und sagt zu der Frau hingewandt: Ich bin der größere Schuldner, denn ich habe wenig geliebt. (Soweit die Szene aus dem Spiel der Gruppe.)

Ich habe in diesem Moment begriffen, daß diese Geschichte im Neuen Testament deshalb erzählt wird (nicht um zu sagen: Seht den bösen Pharisäer, sondern), damit *das* möglich wird, daß *wir* in unserer Pharisäerseele von der Liebe angerührt werden.

Josefs Traum: Wege aus der Beziehungslosigkeit

Matthäus 1,18–25

Diese Geschichte stellt einen Mann in die Mitte, der sonst am Rande steht: Josef, den Vater bzw. Adoptivvater Jesu. Die Weihnachtserzählungen und Weihnachtsbilder kreisen fast alle um Maria und das Kind. Josef ist da meist nur Begleitfigur. Hier ist er die Mitte. Schon früh ist er bespöttelt worden als der Hintergangene, meist sogar als alter Mann dargestellt, der schweigsam »nur dabei ist« und alles nur zur Hälfte begreift. Auch in dieser Geschichte ist er schweigsam. Er redet kein einziges Wort. Aber das ist ein betroffenes Schweigen. Als ob er stumm geworden wäre, wie es ja oft ist, wenn man plötzlich ein Schicksal zu tragen hat.

Es wird sehr sparsam erzählt, und dennoch spürt man an jedem Wort, wie hier weitreichende Entscheidungen fallen. Josef ist ein *junger* Mann von gewiß nicht mehr als 18 bis 20 Jahren aus dem Dorf Nazareth. Er ist mit dem Mädchen Maria verlobt und gerät bald nach dieser Verlobung in eine unvorhersehbare Schwierigkeit. Seine Verlobte ist schwanger. Sie erwartet ein Kind, aber nicht von ihm, ein Kind, wie es heißt, nicht von Menschen, sondern von Gott. Eine merkwürdige Schwangerschaft, schwer begreiflich, eine Zumutung für den menschlichen Verstand. Ein Kind mit einer zweideutigen Herkunft, eine Verlobte in zweideutig-eindeutigen Umständen – wie soll der junge Mann Josef das begreifen? Wie soll er sich dazu verhalten?

Man spürt regelrecht (zwischen den Zeilen), wie er hin- und hergerissen ist. Aber zwei Dinge sind für ihn von vornherein klar: Er wird Leben und Ruf seiner Verlobten nicht gefährden, sondern soweit wie möglich schützen. Deshalb kommt für ihn weder in Frage, sie bei Gericht anzuklagen (das hätte sie nach den damaligen strengen Strafen für untreue Verlobte sogar im schlimmsten Fall das Leben kosten können), noch auch sich öffentlich wegen dieses Kindes von ihr scheiden zu lassen (dann wäre sie als Frau nach den Maßstäben der damaligen Gesellschaft lebenslänglich in Schande gewesen). Nein, Josef ist ein rechtdenkender Mann, wie es hier heißt, so erwägt er den dritten Weg: Er will sich *heimlich* von ihr trennen. Das heißt, er will ihr einen Scheidebrief geben, in dem gegebenenfalls andere Gründe enthalten sind, und wo dann offenbleibt, ob das Kind nicht doch von ihm sein könnte. Die Schande für Maria wäre dann nicht gar so verletzend. Also, so gut es geht, möchte dieser junge Mann seine merkwürdig schwangere Verlobte schon schützen. Das ist von vornherein für ihn klar.

Aber auch das andere ist für ihn klar: Er wird sie nicht heiraten – mit einem Kind, das nicht sein Kind ist. Hier endet die Gemeinsamkeit. Eine Lösung im Sinne von »sich lösen«, ja! Eine Entscheidung im Sinne von »sich scheiden«, ja! Aber keine Lösung, keine Entscheidung im Sinne einer Gemeinsamkeit: Ich mit dir, du mit mir, wir beide gemeinsam.

Auffällig ist: Josef *spricht* nicht mit Maria über seine Schwierigkeiten. Er ist ein Schweigsamer (von ihm ist in der Bibel nicht ein einziges Wort überliefert). Er macht das alles offenbar mit sich allein aus. Das macht es nicht einfacher. Für ihn nicht, aber auch für Maria nicht. Ich denke, daß er Selbstgespräche führt (und man sieht regelrecht, wie er dabei den Kopf schüttelt): Maria, die Frau, die ich liebe, kriegt ein Kind, aber nicht von mir. Sie erzählt mir merkwürdige Geschichten, wie das zugegangen sein soll. Ich verstehe das nicht. Ich fühle mich dem nicht gewachsen. Das ist zu hoch und zu schwer für mich. – Josef, dieser junge Mann ist in einer ernsten Lebenskrise, in einer schweren Beziehungskrise. Gibt es da einen gemeinsamen Weg oder nur getrennte Wege?

Ich habe den Eindruck: Josef kommt uns hier sehr nahe mit seinem Lebensdilemma. Ein Mensch, dem sein Schicksal zu schwer wird, und der am liebsten flüchten möchte. Es muß nicht immer eine unerwünschte, unwillkommene Schwangerschaft sein, die Menschen (auch heute noch) in eine ähnliche Situation stellt. Es kann ganz unvermutet (auch) eine Krankheit sein, eine langwierige Krankheit, die für einen Menschen zum Schicksal wird, ihm »auferlegt«, wie man so sagt, und die dann manchmal auch für andere mit zum Schicksal wird. Gibt es da Gemeinsamkeit, eine oft schwer erträgliche Gemeinsamkeit? Oder heißt die Entscheidung dann: sich scheiden?

Oder es kann sein, daß jemand neben mir »aus der Bahn gerät«, jemand, der zu mir gehört. Unversehens wird das, was er »sich einbrockt«, meine eigene Last. Und nun geht es wieder darum, sich klar zu werden: Wieweit will ich das für mich übernehmen? Ja, wieweit kann ich das? Gibt es hier Gemeinsamkeit, oder heißt die Lösung: Wir trennen uns?

Es gibt Situationen und Konflikte, wo dies keineswegs ausgemacht ist. Und in mancher menschlichen Beziehung kann dies die äußerste Konsequenz sein, daß man die Gemeinsamkeit kündigen muß, daß man den eigenen Weg getrennt vom anderen gehen muß, daß eine oder einer von beiden nach reiflichem Abwägen sagt: Ich kann die Last, die du in mein Leben bringst, nicht mir dir tragen. Ich will mich trennen. Es kann allerdings auch sein, daß jemand diese Entscheidung fällt und dabei vielleicht das Wichtigste übersieht.

Und genau an diesem Punkt steht der junge Mann Josef damals. Genau an diesem Punkt hat er nicht zufällig einen besonderen Traum, einen Traum, der ihm das Entscheidende zeigt, was er bisher übersehen hat. In diesem Traum sieht und hört er Dinge, die er in all seinen Selbstgesprächen bisher nicht bedacht hat, völlig überraschende, neue Gesichtspunkte.

Das ist oft so in Träumen, besonders bei Träumen in Entscheidungs- und Krisensituationen. In einem solchen Traum spiegelt sich oft mein Lebenskonflikt wieder. Der Traum zeigt mir oft *die* Seiten des Konflikts, die ich mit dem Tagesbewußtsein übersehe. So war es damals bei Josef.

Also, der junge Mann Josef hat in seinem Lebenskonflikt heimlich eine Entscheidung getroffen, aber er hat Entscheidendes übersehen. Und das, was er übersehen hat, zeigt ihm nun der Traum: Er hat zum Beispiel seine Beziehung zu Maria nur zu einem Teil wirklich bedacht. Er hat das Kind seiner Verlobten bisher nur als die schlimme Störung angesehen, als den Hinderungsgrund gegen jede Gemeinsamkeit. Vor allem aber: Er weiß gar nicht mehr, wer er selbst ist. Wer bin ich eigentlich? Ich, Josef? Muß ich vor mir selbst weglaufen, vor der Nachbarschaft weglaufen, vor Maria weglaufen? Bin ich einer, der nur noch flüchten kann? So schwer ist die Krise, daß Josef gar nicht mehr weiß, wer er ist.

Und nun träumt er. Und im Traum erscheint ihm ein Engel (also einer, der wie sein anderes, »besseres Ich« mit ihm redet), und der sagt ihm als erstes, wer er selbst ist: Josef, weißt du denn nicht mehr, wer du bist? Josef, du Sohn Davids, du Ururenkel des großen Königs. (Vielleicht weiß Josef das wirklich nicht. Das ist schließlich tausend Jahre her mit dem König David. Wer kennt schon seinen Stammbaum über tausend Jahre hin?) Der Engel sagt ihm etwas, was er vielleicht tatsächlich von sich gar nicht weiß. Und wenn er es weiß, was er doch nicht glaubt: Wer bin ich schon? Ein unbedeutender Zimmermann aus Nazareth.

Der Engel zeigt ihm, was ihm in seiner Selbsteinschätzung verlorengegangen ist: Wer er ist in den Augen Gottes. Josef, du Sohn Davids, du Königssohn, sieh dich einmal an, wie Gott dich sieht. Ja, du bist der unbedeutende Zimmermann aus Nazareth. Aber du bist zugleich »Davids Sohn«, also mit einer unsichtbaren Krone gekrönt. So sieht Gott dich an.

Niemand unter uns ist wie Josef. Aber indem Gott uns anredet und beim Namen nennt, ist jede und jeder von uns wie mit einer unsichtbaren Krone gekrönt, einmalig in den Augen Gottes, wertgeachtet, angesehen, mit einer besonderen Würde ausgezeichnet. Josef, du Sohn Davids, begreifst du, wer du bist in den Augen Gottes. Du mußt nicht weglaufen vor dir und vor anderen. Gott gibt dir Ansehen.

Wer bin ich? – auf diese Frage erhält der junge, völlig irritierte Mann Josef als erstes eine Auskunft im Traum. Und erst jetzt, nachdem er klar gesehen hat, wer er selbst ist, kann er weiter sehen, kann er auch das sehen, was er am liebsten nicht sehen will. Und das zweite, was er zu sehen bekommt, ist das Kind. Das noch ungeborene Kind wird ihm im Traum gezeigt. Das also, was er am liebsten gar nicht sehen wollte, was er vielleicht sogar am liebsten aus der Welt geschafft hätte, die unangenehme Störung, die für ihn alles durcheinander gebracht hat. Aber genau das wird ihm gezeigt.

Das Aufregende an dieser Stelle ist: Hier wird dem *Mann* die Verantwortung gezeigt, die er für das ungeborene Leben hat. Hier wird nicht der Frau die ganze Last der Verantwortung überlassen, wie es bis heute oft noch üblich ist (bis hin zur Gesetzgebung). Nein, der *Mann* wird einbezogen, er wird an seine Verantwortung für das werdende Leben gebunden, die er am liebsten weit von sich weisen würde. Josef war schon dabei, dies (wie üblich) wieder der Frau zu überlassen. Er wollte sich, wie viele Männer, heimlich davonstehlen. Jetzt wird ihm das Kind gezeigt: Josef, du Sohn Davids, du Mensch besonderer Würde, sieh dir dieses Kind an, daß du nicht annehmen willst, dieses der Unehelichkeit verdächtige Kind. Es ist das Menschenkind, in dem Gott selbst zur Welt kommt. Dieses Kind ist durch seine bloße Existenz schon die »Rettung« der Menschheit. Denn es ist das Kind mit den beiden Namen, die sich gegenseitig erklären: »Jesus« und »Immanuel«.

Jesus, dieser Allerweltsname, kommt durch dieses Kind zu seiner vollen Bedeutung. Nämlich: Gott rettet die Menschheit von ihren Sünden. Und der Name »Immanuel« sagt, wie diese Rettung aussieht, nämlich: Gott ist mit uns! Das heißt, dieses Kind schafft Beziehung zwischen Gott und uns. Dieses Kind rettet uns aus unserer Beziehungslosigkeit.

Was Josef hier im Traum erfährt, ist zunächst einmal eine Botschaft an ihn selbst: Dieses Kind ist nicht Anlaß, dich zu trennen, sondern ein Kind, das Beziehung und Gemeinschaft stiftet! Das Kind mit dem Namen: Gott ist mit uns!

Es ist zugleich aber eine Botschaft für die Menschheit, für uns heute. Denn die »Sünde« der Menschheit, unsere »Sünde« heißt Beziehungslosigkeit, gestörte Beziehung zu Gott, gestörte Beziehung untereinander. Wir erfahren es gerade auch in diesen Tagen: Gestörte Beziehungen zwischen den Völkern, abgebrochene Gespräche zwischen Politikern, entlassene Arbeiter, Hunderttausende geschiedene Partnerschaften, ausgesperrte Asylanten. Heute, wo man wieder allenthalben auf der Woge des Nationalismus Politik machen kann, haben es Ausländer und politisch Verfolgte schwer bei uns. – So konkret ist »Beziehungslosigkeit«. Wer rettet uns aus unserer Beziehungslosigkeit?

Die Botschaft, die Josef im Traum erfährt, heißt: Gott ist mit uns! Das heißt, Gott schafft Beziehung, schafft Gemeinschaft zwischen sich und uns, zwischen uns und anderen. Er öffnet uns die Augen gerade für die Menschen, die wir am liebsten lossein möchten und legt uns die Frage vor: Gibt es da nur die Lösung: trennen!, entlassen!, ausweisen!, oder gibt es auch den anderen Weg gemeinsamer Verantwortung?

Jesus wird als erwachsener Mann von seinen »geringsten Schwestern und Brüdern« sprechen und uns einladen, für sie einen Blick zu haben. Das ist meist nicht der bequemere Weg. Das hat meist Folgen.

Für Josef, den Sohn Davids, hat diese Traumbotschaft vom »Gott mit uns« ganz konkrete Folgen: Er ändert seine Lebensentscheidung. Nicht mehr: Ich will mich von Maria trennen. Nein, er nimmt Maria als seine Frau in sein Haus – mit allen Konsequenzen. Er übernimmt das, was sie an Schicksal mitbringt, in sein Leben. Und das wird ihn noch manche schlaflose Nacht kosten, noch manche Störung seines Privatlebens und noch manche Angst. Ja, Flucht und Vertreibung wird er auf sich nehmen müssen. Er entscheidet sich aber für die Gemeinsamkeit: Ich mit dir, du mit mir, wir beide gemeinsam.

Das Kind mit dem Namen »Immanuel« hat die Wichtigkeiten in seinem Leben verändert. Die Traumbotschaft des Engels hat seinem Leben eine neue Richtung gegeben. Für mich ist Josef nach diesem Traum ein veränderter Mensch. Er ist »stimmig« geworden, seitdem er »das Herz aller Dinge« gesehen hat. Das Kind mit dem Namen: »Gott ist mit uns«.

So ist das mit dem Traum: Gott hat ihm die Ohren geöffnet zu hören, was er nicht hören wollte. Gott hat ihm die Augen geöffnet zu sehen, was er nicht sehen wollte. Und das macht ihn zu einem Menschen mit Herz und klarem Verstand. Und: Josef wird in ganz neuer Weise handlungsfähig!

Und das ist ein Wunder ...

Lebenskreuz

Markus 8, 34

Jesus sagt, wenn jemand mit mir gehen will,
der nehme sein Kreuz auf sich und folge mir.

Ich finde, dieses Wort Jesu ist ein sehr schweres Wort, und ich beziehe es nicht gern auf mich. Ich möchte im folgenden von einem Mann erzählen, der mir dieses Wort aufgeschlüsselt hat, der mir auch Mut gemacht hat, es auf mich zu beziehen.

Ich möchte vor allem von seiner Auseinandersetzung berichten, der Auseinandersetzung mit sich, mit seinem Lebensschicksal und mit Gott. Eine Auseinandersetzung, in der er wirklich bis zum Äußersten geht, weil auch Gott mit ihm bis zum Äußersten gegangen ist. Da kommen Sätze vor, die wir uns sonst im Blick auf Gott wohl kaum oder nie zu sagen getrauen.

Es ist schon einige Jahre her, daß ich ihn kennenlernte, ein Mann Mitte 50, psychisch krank. Er war schon in verschiedenen Kliniken gewesen. Ich besuchte ihn das erste Mal. Es gehe ihm schon besser, sagte er mir. Wir reden eine Weile miteinander, da zieht er ein Blatt aus der Schublade mit einem Bild darauf und legt es mir vor. Auf dem Bild sind vier Steinplatten zu sehen, zwischen denen Gras wächst. Dieses Gras zwischen den Steinplatten zeigt das Abbild eines Kreuzes.

Der Mann zeigte auf das Bild und sagte: Dies sind die vier Steine auf meinem Leben. Der erste: Ich bin psychisch krank. Der zweite: Ich habe meine Arbeit verloren. Der dritte: Meine Frau hat sich von mir getrennt. Und der vierte: Mein Sohn wollte schließlich nichts mehr von mir wissen und ging weit fort ins Ausland.

Diese vier Steine bilden mein Lebenskreuz.

Auf dem Bild wächst Gras zwischen den Steinen. Das ist etwas Lebendiges.

Aber damals – damals wuchs nichts dazwischen. Da war in meinem Leben alles wie tot. Damals war die Krankheit stärker als alles. Sie können sich sicher nicht vorstellen, wie das ist. Man tut Dinge, die man nicht will. Man quält sich und seine Angehörigen, obwohl man das nicht will.

Und sie können sich nicht vorstellen, wie lange das dauerte, bis ich mir eingestehen konnte, daß das eine *Krankheit* ist. Schließlich mußte ich meine Karriere aufgeben, meinen Beruf, der mir sehr viel bedeutet hat. Ich mußte zusehen, wie meine Familie zerbrach. Ich wurde immer isolierter. Man merkt, die nächsten Menschen halten es nicht mehr mit einem aus. Man wird sich selber fremd.

Seit ein paar Jahren, fährt er fort und zeigt auf das Bild, wächst zwischen den Steinen etwas. Aus dem Kreuz meines Lebens wächst etwas Lebendiges, zunächst ganz bescheiden. Und das hänge damit zusammen, daß er angefangen habe, seine Lage so anzunehmen, wie sie ist, seine Krankheit anzunehmen als etwas, was zu ihm gehört.

Also, er habe mühsam lernen müssen, sich einzugestehen: Ich bin psychisch krank. Ich brauche immer wieder Medizin. Ich muß immer wieder einmal in die Klinik. Ich bin nur beschränkt arbeitsfähig, ich falle immer wieder aus. Ich verdiene nur wenig Geld. Zu wenig, um damit die finanzielle Verantwortung für die Familie zu übernehmen.

Und dann die Beziehung zwischen ihm und seiner Frau: Es sei ein langer Leidensweg gewesen von der Einsicht, daß das Zusammenleben zu sehr belastet sei, bis zur Trennung und dann schließlich bis zur Scheidung. Er selbst habe schließlich den Anstoß dazu gegeben und seiner Frau gesagt: Du bist eine leidenschaftliche Frau. Mit mir kannst du deine Vitalität nicht leben. Ich kann deinen Ansprüchen und auch meinen Ansprüchen nicht mehr genügen. Er habe die Trennung und dann die Scheidung psychisch kaum verkraftet, aber er habe sich auch entlastet gefühlt. Jetzt lebe er seit langem schon allein in einer kleinen Wohnung. Seine Frau habe ihn anfangs einmal im Monat besucht. Inzwischen lebe sie in einer neuen Beziehung in einer anderen Stadt. Gelegentlich telefonierten sie miteinander. Am kommenden Wochenende werde sie ihn auch wieder besuchen. Aber »meine Ehe ist gescheitert. Das tut mir immer noch weh«.

Und schließlich sein Sohn: Sein Sohn sei damals ohne Abschied und ohne jedes Wort einfach abgehauen. Das habe ihn tief getroffen. Kürzlich habe er von ihm einen Brief bekommen, den ersten Brief seit Jahren. »Wissen Sie, was da drin steht? – Er arbeitet als Pfleger in einer psychiatrischen Klinik!« Er hätte es nicht ausgehalten zu Hause, er hätte weit von zu Hause fortgemußt, um sein eigenes Leben finden zu können. Jetzt erst fange er an, mich zu verstehen und zu begreifen, wie ich mit meiner Krankheit zu kämpfen hätte. Dieser Brief habe ihn sehr bewegt.

Und dann zeigte er auf das Bild und sagt: Die Steine sind noch da, das Lebenskreuz ist noch da. Aber es wächst etwas. Es ist ganz viel lebendig geworden in meinem Leben.

Als ich ihn darauf anspreche, daß er mir dieses christliche Symbol, dieses Kreuz zeige, aber kein Wort von Gott sage, winkt er ab: Ach, von Gott rede ich nur selten mit anderen. Von Gott rede ich meistens nur mit mir selbst. Sein Vater, ein Pfarrerssohn, sei fromm gewesen, seine Mutter eine fromme Frau, er ein frommes Kind. Als er das erste Mal in die Klinik gekommen sei, habe er dauernd lauthals von Gott gesprochen. Zwei Mitpatienten hätten gesagt: Dein Gott hat dich hierhergebracht. Sag ihm doch, er solle dich hier herausbringen. – Das habe ihn sehr getroffen, und er habe sich furchtbar gestritten. Aber schlimmer als der Streit mit den Mitpatienten sei etwas anderes gewesen: Er habe oft nächtelang weinen müssen darüber, daß Gott ihm dieses Lebensschicksal zumutet, dieses Lebenskreuz. Und dann habe er angefangen, nächtelang zu fluchen. Sein Leben und Gott zu verfluchen. Er habe Gott nächtelang gefleht und gedroht: Ich vergebe dir nicht!

In dieser Zeit, sagt er, habe ich Familienforschung betrieben und festgestellt: Der Bruder meines Großvaters väterlicherseits hat sich umgebracht. Der Bruder meines Vaters hat sich freiwillig zum Kriegsdienst gemeldet und ist gleich zu Anfang umgekommen. Zu Hause stand immer ein Bild von ihm, ein Männerbild in Uniform. Die Familie trieb eine Art Heldenverehrung mit diesem Bild. Da habe ich eines Tages meinen Vater angeschrieen: Das war doch Selbstmord! Wer sich freiwillig zum Kriegsdienst meldet, der will doch andere oder sich selbst umbringen oder beides!

Dann habe ich noch herausgefunden, daß auch mütterlicherseits eine Großtante schwer psychisch krank gewesen ist. »Da war doch mein Lebenskreuz schon vorgezeichnet!«

Ein Arzt hat mir zwar erklärt, das müsse ich nicht notwendig so sehen. Aber ich habe es so gesehen.

Ich bin in Gottesdienste gegangen und habe versucht, Trost und Antwort auf meine Lebensfragen zu finden. Aber ich konnte das Reden vom allmächtigen und barmherzigen Gott nicht mehr ertragen. Wenn er allmächtig ist, warum dann dieses Schicksal? Wenn er barmherzig ist, warum dann dieses Schicksal? Und wenn er beides ist, barmherzig und allmächtig, dann erst recht!

Dann habe ihn der Pfarrer seiner Kirchengemeinde besucht, erzählt er weiter: Der kannte mich ja nun von Kindheit an. Dennoch hat er sich noch einmal alles von mir angehört. Das habe ich ihm hoch angerechnet. Aber: Der hatte seine fromme Antwort schon fertig, lieb gemeint, aber die Antwort war schon fertig. Er hat mit der Hand öfter zur linken Jackentasche gegriffen. Darin hatte er die Bibel. Und als er sie herausholen wollte, habe ich zu ihm gesagt: Lassen Sie die Bibel stecken. Keine Sprüche vom allmächtigen und barmherzigen Gott. Ich mag nicht hören, daß das alles Gottes Wille ist oder daß er mich trotz allem liebt, das hilft mir nicht. Dann habe der Pfarrer gefragt: ob er denn mit ihm beten dürfe. Da habe er ihm geantwortet: Fromme Pflichtübungen brauche ich nicht! Wenn er bereit sei, mit ihm zusammen Gott den einen Satz zu sagen: Gott, wie sollen wir dir je vergeben, was du deinen Geschöpfen zugemutet und angetan hast – wenn er bereit wäre, diesen Satz mit ihm zu beten, dann ja, sonst nicht.

Das habe er aber nicht gewollt. Ob er denn wiederkommen dürfe? Ich: Wenn Sie Ihre Bibelsprüche zu Hause lassen, dann ja. Und er ist immer wiedergekommen, und er hat sich an meine

Vorgabe gehalten, obwohl es ihm sichtlich schwerfiel, aber er hat sich daran gehalten! Und das habe ich ihm hoch angerechnet.

Und dann kam eines Tages ein neuer Klinikpfarrer, ein ganz junger Mensch. Als der meine Geschichte hörte, hat er nur dagesessen und geweint. Da habe ich gedacht: Meine Mutter hat auch geweint. Und weil ich damals alles auf Gott bezog, habe ich mir vorgestellt: Gott weint vielleicht auch, weil er mir nicht helfen kann, wie er selbst es gerne möchte. Und da habe ich abends zum ersten Mal gesagt: Gott, ich vergebe dir!

Auch der Klinikpfarrer brachte ihm keine Bibelsprüche mit, weil er es so wünschte. Aber eines Tages habe er ihm dieses Blatt mitgebracht, dieses Bild mit den vier Steinen und dem Gras dazwischen. »Da habe ich sofort gesehen: Das ist mein Lebenskreuz! Und seither habe ich dieses Bild immer bei mir. Das ist nämlich wirklich das Bild meines Lebens!«

Er kam noch einmal auf Gott zu sprechen: Was Gott betrifft, so sagte er, habe ich damals gedacht: Der Gott der Christen, der ist vielleicht total verrückt und viel schlimmer als ich. Einer, der seinen Sohn opfert und das auch noch als Liebe ausgibt, der muß total verrückt sein. Jeder Vater, der das täte, gehörte hinter Gitter. Deshalb hätten die Christen ja auch jahrhundertelang ihre Söhne geopfert in Tausenden von Kriegen, weil sie diesen Gott als Vorbild gehabt hätten. »Und mich haben sie auch mit 19 Jahren in den Krieg geschickt, und mein Vater hat nicht protestiert, sondern hat es als Vaterlandspflicht bezeichnet.«

Und er habe damals dem Pfarrer gesagt: Es wird höchste Zeit, den Gott zu opfern, der angeblich seinen Sohn geopfert hat.

Ich habe auch meinen Sohn geopfert, aber ich habe es nicht gewollt. Ich weiß, wie das ist!

Inzwischen denke er anders über Gott. Er denke: Gott ist vielleicht so ähnlich wie ich. Wenn Gott mich geschaffen hat, dann muß er auch ein wenig so sein wie ich. Wenn psychisch krank sein eine menschliche Möglichkeit sei, dann müsse das auch eine Seite an Gott sein. So jedenfalls interpretiere er die Bibelstelle: Er trug unsere Krankheit. »Und wissen Sie«, sagte er, »das hat mich ausgesöhnt. Seither weiß ich, daß Gott nicht nur ein Gott der sogenannten Gesunden ist, der die Gesundheit zum Maßstab macht. Ich glaube, er selbst kennt auch Anteile meiner Krankheit an sich selbst.« Das könne er natürlich keinem in der Klinik erzählen. Die hielten ihn sonst für bekloppt. »Aber glauben Sie mir, mit dem Gott kann ich leben. Der ist wirklich in mir. Der versteht mein Innerstes. Dem kann ich glauben.«

Soweit die für mich unvergeßliche Begegnung mit diesem Mann. Ich habe selten einen Menschen so ehrlich von Gott reden hören. Selten einen Menschen erlebt, der so bis aufs letzte mit Gott kämpft, mit seinem Lebensschicksal kämpft, um sein Leben kämpft! Und er hat mir gezeigt, was das heißen kann, wenn Jesus sagt: Wer mir nachfolgen will, der nehme sein Kreuz, nämlich sein Lebenskreuz auf sich.

Jeder von uns wird seine Auseinandersetzung mit dem eigenen Lebensschicksal, mit dem Leben und mit Gott anders führen. Ich wollte weitersagen, wie dieser Mann seine Auseinandersetzung geführt hat. Ich wollte es weitersagen, weil ich an mir selber gemerkt habe, wie sehr mich dieser Mann zur Auseinandersetzung mit den Anforderungen meines Lebens ermutigt hat. Ich wünsche mir, daß auch mancher unter uns dadurch ermutigt wird zur Auseinandersetzung mit sich und vielleicht auch mit Gott.

Silber oder Gold für die Lebensleistung eines behinderten Menschen

Apostelgeschichte 3, 1–10

Petrus aber blickte ihn an (mit Johannes) und sprach:
Sieh uns an!
Er aber heftete den Blick auf sie in der Erwartung,
etwas von ihnen zu empfangen.
Da sprach Petrus: Silber oder Gold habe ich nicht.
Was ich aber habe, will ich Dir geben.
Im Namen des Jesus Christus aus Nazareth, geh umher!
Und er ergriff ihn bei der rechten Hand und richtete ihn auf.

Wir erleben bei den Olympischen Spielen und Weltmeisterschaften ein Festival der Leistungsathleten, die Jagd nach Medaillen, nach Silber oder Gold. In dieser Geschichte wird uns sozusagen die Kehrseite der Medaille gezeigt. Die Frage ist nicht: Wer kommt dank sportlicher Höchstleistung auf Platz 1, 2, 3 oder 7? Die Frage lautet: Welchen Platz hat in unserer Gesellschaft ein Mensch, der mit einer schweren Behinderung leben muß? Wie sieht es da aus mit Silber oder Gold?

Der gelähmte Mann ist einer von den vielen Namenlosen. Ihm hat man seinen Platz angewiesen. Er sitzt an der »schönen Pforte des Tempels«, außerhalb der Gottesdienstgemeinde, draußen vor der Tür. Der Platz ist nicht ungünstig gewählt. Seine Angehörigen, die allein dieses Schicksal nicht tragen können (so etwas wie Sozialversicherung gibt es damals nicht), haben ihn denen vor die Füße gelegt, die zum Gottesdienst gehen, offenbar in der Hoffnung, daß die, die Gott dienen wollen, an ihrem leidenden Nächsten nicht achtlos vorbeigehen können. Da sitzt er nun Tag für Tag, am Rande. Die Menschen gehen an ihm vorbei.

Das Leben pulsiert an ihm vorbei. Er lebt von den Almosen, die das Mitleid ihm in seine Mütze wirft. Er kennt es nicht anders. Von Kindheit an ist das so. Er: der Behinderte – die anderen: die Gesunden. Dort das Leben – hier das Schicksal. Und vielleicht hat er sich schon längst abgewöhnt, gegen sein äußeres und inneres Leiden zu rebellieren. Denn es ist ein äußeres und ein inneres Leiden.

Unvergeßlich ist mir ein Mann, einer der ersten, mit denen ich sprach, als ich nach Bethel kam. Er litt an schweren epileptischen Anfällen. Und er sagte mir: Wissen Sie, es ist ein doppeltes Leiden: das Leiden an der Krankheit und das Leiden an der Umwelt.

Er hatte mir geschildert, wie er als Schüler in der Schule seinen ersten epileptischen Anfall erlitt und gar nicht begriff, was ihm da geschehen war. Und wie er dann wieder zu sich kam und die Gesichter seiner Schulkameraden sah, die ihn anstarrten. Die Anfälle wiederholten sich. Er fühlte sich von da an als Gezeichneter und zunehmend auch gemieden. Und er hat mir erschütternd erzählt, was da in ihm und um ihn her alles zerbrochen ist. Er habe sich immer mehr isoliert, und auch seine Familie habe sich isoliert (gefühlt). Also: »Es ist ein doppeltes Leiden«, höre ich ihn sagen.

Und dieses doppelte Leiden, das Leiden an der Behinderung und das Leiden an der Umwelt, ist auch die Situation jenes Mannes dort an der »schönen Pforte des Tempels« in unserer Geschichte. Es ist soeben Gottesdienstzeit. Die Menschen gehen an ihm vorbei zum Abendgebet, wie jeden Tag. Das ist nichts Besonderes. Und er erwartet auch nichts Besonderes, außer ein paar Almosen im Vorübergehen.

Aber dann geschieht doch das Besondere, das Nicht-Alltägliche. Zwei Männer, Petrus und Johannes (Jünger des Jesus aus Nazareth), kommen zum Abendgebet in den Tempel. Der gelähmte Mann bettelt sie an wie alle anderen auch. Aber diese beiden geben ihm nicht das übliche Geld, um dann an ihm vorüberzugehen. Sie gehen nicht vorbei, sie gehen auf ihn zu, bleiben stehen und sie schauen ihn an. Er, immer noch in der Erwartung, das übliche Geld zu bekommen, heftet seinen Blick auf sie. Aber dann begreift er wohl, daß jetzt etwas Ungewöhnliches geschieht. Er ist es gewöhnt, nicht angesehen, bestenfalls begafft zu werden. Aber dies, daß jemand (um seinetwillen) stehenbleibt und ihn sieht, das hat er selten oder noch nie erlebt.

Sie alle, die da vorübergingen, haben ihn fast täglich gesehen – und doch nicht *ihn* gesehen. Für sie alle war er der »Almosenbettler von der schönen Pforte«. Aber den Menschen mit seiner Lähmung und seinem Schicksal haben wohl die wenigsten gesehen. Und so hat sich zwischen dem behinderten Mann und seiner Umwelt eine Umgangsweise herausgebildet, die heißt: Nicht mehr hinschauen – das ist die Spielregel.

Petrus und Johannes aber durchbrechen diese Spielregel, bleiben bei ihm stehen, schauen ihn an und sagen zu ihm: Sieh uns an! Das ist in der Tat ungewöhnlich. Es wird nachher noch Außergewöhnliches, ja Unglaubliches passieren. Aber ich finde, hier geschieht das Entscheidende, die kleine Revolution im Umgang mit Behinderung: Ansehen und Angesehen werden! Statt vorbeizuschauen wirklich hinzusehen.

Ich denke an eine Frau, die an den Folgen spinaler Kinderlähmung litt. Ein Bein war kürzer als das andere. Sie konnte nur mit Beinschienen gehen, und es gab verschiedene Lähmungserscheinungen, die ihre Bewegungen beeinträchtigten.

Ich habe sie auf ganz besondere Weise kennengelernt: Bei einem Tanzfest. Plötzlich sehe ich, wie unter all den mehr oder weniger geschmeidigen Tänzern und Tänzerinnen eine hinkende Frau ungelenk tanzt. Ich war erst erschrocken, aber dann wollte ich wissen, wer diese Frau ist, die mit ihrer Behinderung so öffentlich tanzt. Ich habe sie noch am gleichen Abend kennengelernt. Später hat sie mir dann auch ihre Geschichte erzählt: Kinderlähmung als Kind nach dem frühen Tod der Mutter – und von da an alles verändert. Ihr Vater, der sie sehr liebte, wollte nicht wahrhaben, daß sein »Töchterchen« nun diese Behinderung hatte. Er tat immer so, als wäre dies nicht so. Er wollte es nicht sehen, sagte sie mir. Er hat auch nie gefragt: Wie geht es dir eigentlich damit? Und er ließ Fotos anfertigen, auf denen man ihre Behinderung nicht sehen konnte. Und je mehr der Vater das an ihr nicht sehen wollte, was behindert war (und was doch nicht zu übersehen war), um so mehr hätte sie sich versteckt, die Öffentlichkeit möglichst gemieden und es auch gemieden, sich selbst etwa im Spiegel zu betrachten. Als sie 14 oder 15 Jahre alt war, zog in ihre Nachbarschaft eine neue Familie. Die Mutter dieser Familie fing an, sich für dieses Mädchen zu interessieren. »Diese Frau«, so sagt sie, »war die erste, die mich mit meiner Behinderung angesehen hat.«

Irgendwann hatte sie gemerkt: Die sieht mich anders an. Die sieht mich mit anderen Augen an als andere. Bei der muß ich nicht anders sein als ich bin, da muß ich mich nicht verstecken. Unter dem sie-anschauenden Blick dieser Frau hatte sie nach und nach gelernt, ihr Schicksal zu beweinen und ihre Behinderung zu betrauern. Nach und nach hatte sie angefangen (und das sei immer noch schmerzlich), sich auch wieder im Spiegel zu betrachten, jedenfalls sich selbst anzuschauen. Nicht mehr mit Verachtung, sondern irgendwie mit mehr Verständnis für sich selbst. Schließlich hatte sie gewagt, sich auch in der Öffentlichkeit als die zu zeigen, die sie ist. Und seit einigen Jahren hatte sie sich ihren Lebenswunsch erfüllt: Tanzen zu lernen.

Und immer wieder erzählt sie, wie heilsam das für ihr ganzes Leben gewesen sei, von dieser Nachbarin (die wie eine Mutter für sie war) angeschaut zu werden, so wie sie ist. Und dann auch selbst hinzusehen, wer sie ist – mit ihrer Behinderung.

Sie hat das Wort »Liebe« nicht gebraucht. Vielleicht deshalb, weil ihr Vater ja immer sagte, daß er sie liebt. Aber Liebe hieß bei ihm: nicht hinschauen, wer sie wirklich ist. Ich meine aber, was sie da durch diese Frau erfahren hat, das war Liebe. Liebe, die sie anschaut und nicht vorbeischaut. Liebe, die sie für sich selbst ansehnlich werden läßt.

Petrus und Johannes sehen den gelähmten Mann an der schönen Pforte des Tempels an und sagen ihm: Sieh uns an! Und dann weiter: Silber oder Gold haben wir nicht. Aber was wir haben, wollen wir dir geben ...

Silber oder Gold. – Die beiden sprechen nicht abschätzig von dem Geld, das der Gelähmte dort erbettelt hat. Sie wissen nur zu gut, daß dies seine einzige Überlebenschance war. Sie wissen aber auch, wie jämmerlich diese Überlebenschance oft aussah und wie entwürdigend das Mitleid der Gesunden oft sein kann, das dem Behinderten Kupferpfennige hinwirft. Nein, sie sprechen von »Silber oder Gold«, vom höchsten denkbaren Geldwert. Und sie deuten damit an, welchen Rang in ihrer Wertskala dieser behinderte Mensch für sie hat. Silber oder Gold müßte her, damit dieser Mensch (wenn er schon täglich mit seiner Behinderung leben muß) nicht nur nicht mehr zu betteln brauchte, sondern ein freies, unabhängiges Leben führen könnte, nicht mehr abhängig von der Gnade der Gesunden. Silber oder Gold müßte her, nicht für Höchstleistungen sportlicher Art, sondern für die ungeheure Leistung an Lebensbejahung und an Lebensbewältigung, die ein Mensch aufbringt, der täglich mit seiner Behinderung leben muß. In dieser Begegnung zwischen Petrus, Johannes und dem gelähmten Mann deutet sich eine Umwertung der Bewertung menschlicher Leistung an. Silber oder Gold für diesen Mann mit seinem Lebensschicksal – das wäre angemessen!

Silber oder Gold – aber nicht jeder hat das. Und die Gemeinde der ersten Christen hatte es in der Regel nicht, denn sie war arm. Und so sagen die beiden: Silber oder Gold haben wir nicht, aber was wir haben, wollen wir dir geben. Im Namen des Jesus Christus aus Nazareth: Geh umher! (Und der Gelähmte wird dann gleich umhergehen.)

Das ist ein Wort! Ein Wort, das einem die Sprache verschlägt. Mir jedenfalls. Also, Silber oder Gold haben sie nicht. Aber die Fähigkeit, mit *einem* Wort und einem packenden Zugriff einen von Geburt an gelähmten Mann zu heilen! Das ist ja nun *noch* beeindruckender als Silber oder Gold, viel potenter und wesentlich spektakulärer! Wie gerne hätte man ein solches Wort zur Verfügung und eine solche Fähigkeit. Wie gesagt, mir verschlägt es die Sprache: unglaublich!

An dieser Stelle klinke ich mich aus der Geschichte aus. Ich lasse sie da, wie sie ist. Sie kann an dieser Stelle nicht Modell sein, für mich nicht und wahrscheinlich für niemanden. Was Petrus hier, der Geschichte zufolge, vorführt, ist nicht nachzumachen.

Mir bleibt der Satz: »Was ich habe, will ich dir geben« – und das sieht bei mir und wohl auch bei den meisten unter uns ganz anders aus.

Was wir haben und zu geben haben, ist viel bescheidener und mühevoller, vielleicht auch menschlicher. Unsere Möglichkeiten heißen etwa: Menschen mit Behinderung beizustehen, oder sich gegenseitig in der Behinderung beizustehen. Andere Menschen in ihrer Krankheit und Krise begleiten, sich gegenseitig in Krankheit und Krise begleiten. Das Unabänderliche einer Behinderung aushalten und mit anderen aushalten (vielleicht das Schwierigste!). Sich den Konflikten stellen, die dabei aufbrechen. Beziehungen wagen: das heißt, Nähe geben und Distanz schaffen, beides. Schmerzen lindern, so gut es geht und Hoffnung geben, soweit das möglich ist – dies oder ähnliches etwa sind unsere Möglichkeiten.

Für mich gehört noch etwas dazu, was ich zu geben habe und was mir immer wichtiger wird: Meine Grenze und meine Begrenztheit. Ich weiß, wie wichtig es ist, in Helferberufen möglichst viel zu wissen und zu können. Aber ich begreife immer mehr, wie wichtig meine Begrenztheit ist. Zugespitzt gesagt: Wie wichtig das ist, was ich *nicht* kann und nicht leisten kann. Ich bin öfter ratlos, als mir lieb ist. Mir verschlägt's oft die Sprache angesichts des Lebensschicksals von Menschen, die mir begegnen. Und das ist eine schmerzliche Erfahrung für mich als »Helfer«, die eigene Ohnmacht zu erkennen.

Und nicht nur das. Ich bin auch oft müde, »fertig«, bin's leid und will nicht mehr. Und ich habe schon oft zu meiner Überraschung erlebt: Meine Ohnmacht weckt die Kraft des anderen. Meine Grenze weckt dessen Möglichkeiten. Mein Nicht-helfenkönnen ist oft der Anstoß, sich selbst zu helfen.

Dies gehört für mich auch dazu, wenn es heißt: »Was ich habe, will ich dir geben.« Auch meine Grenze gehört dazu.

Also, so etwa sehe ich Möglichkeiten im gegenseitigen Umgang mit Behinderung, Krankheit und Krisen. MitarbeiterInnen eines Hauses in Bethel haben einmal formuliert: Diese Art von Arbeit sei unsichtbar. Man könne sie nicht messen und nicht vorweisen. Sie sei überwiegend unsichtbar und gar nicht spektakulär.

Und ich bin sicher: Sie geschieht täglich tausendfach unter uns, und geschieht (auch wenn es nicht ausgesprochen wird) oft im Namen des Jesus von Nazareth, zumindest aber fast immer in seinem Sinne.

Drei Beziehungen zum Leben

Johannes 12,1–8

Dies ist die berühmte Geschichte von der Salbung Jesu in Bethanien im Haus seiner Freunde wenige Tage vor seinem Tod. Zuvor wird berichtet: Jesus habe auf das verzweifelte Bitten der Schwestern Maria und Martha ihren Bruder Lazarus aus dem Tod ins Leben zurückgerufen. Und es sieht so aus, als ob man nun in Bethanien miteinander das Fest des neugeschenkten Lebens feiere. Für Jesus selbst ist es wie ein letztes Atemholen vor seinem letzten Gang nach Jerusalem, wo die »Ayatollas« seiner Religion schon das Todesurteil über ihn gefällt haben.

Neben Jesus treten vor allem drei Personen hervor: Lazarus, Judas und Maria.

Jede dieser drei Personen spiegelt eine bestimmte Beziehung zu Jesus wider und damit eine bestimmte Beziehung zum Leben. Ich möchte im folgenden versuchen, die Porträts dieser drei Personen und ihre Beziehung zum Leben nachzuzeichnen:

Da ist zunächst *Lazarus*, der Mann, der schon tot war und der nun wieder unter den Lebenden weilt. Er sitzt mit zu Tische.

Es geht mir merkwürdig mit Lazarus. Er ist für mich ein Rätsel und bleibt es auch. Ich meine nicht nur die spektakulären Umstände seiner Wiederbelebung durch Jesus – das lasse ich jetzt beiseite. Nein, ich meine seine Person. Er sitzt mit am Tisch und ist stumm. Und obwohl es eigentlich um *ihn* gehen müßte, geht es um andere. Er ist nur dabei.

Er wird im Neuen Testament zwar öfter erwähnt. Aber wir erfahren von ihm kein eigenes Wort und keine eigene Tat. Offenbar ist er kein bedeutender Mann, eher ein »Niemand«. Von seinen Schwestern Maria und Martha bekommen wir ein ganz anderes, ausdrucksstarkes Bild. Das sind aktive, profilierte, auffällige Persönlichkeiten. Aber Lazarus? – Lazarus, so scheint es, ist nur der kranke, schließlich gestorbene, wieder lebendige Bruder seiner Schwestern. Darin erschöpft sich seine Bedeutung. Und ausgerechnet dieser unbedeutende Mensch wird aus dem Tod ins Leben zurückgerufen, wird für wert befunden, wieder zu leben. Ausgerechnet ihm wird das Leben neu geschenkt. Und es sieht nicht so aus, als ob dieses neugeschenkte Leben für ihn selbst nun etwas Besonderes wäre. Wer sich freut, wer dem Glück über das neue Leben Ausdruck gibt, sind die Schwestern, nicht er. Vielleicht ist dies ja der Inhalt und die Bedeutung seines Lebens: Der Bruder seiner Schwestern zu sein.

Allerdings, auch von Jesus heißt es: Er habe ihn sehr geliebt. Dann muß er ja vielleicht doch ein außergewöhnlicher Mensch gewesen sein?

Ich vermute das Gegenteil. Ich vermute eher, Lazarus ist ein Beispiel dafür, daß Jesus einen Menschen nicht deshalb liebt, weil er etwas zu bieten hätte. Vielleicht war Lazarus ja einer von den »Armen im Geist«, die Jesus in der Bergpredigt als erste seligpreist. »Ihnen gehört der Himmel«, sagt er.

In allem, was wir über Lazarus erfahren, bekommt er seine Bedeutung nicht aus dem, was er zu bieten hätte. Sondern er bekommt sie durch das, was andere für ihn empfinden und tun. Er bekommt sie durch seine Schwestern, die ihn lieben, und durch Jesus, der ihn liebt und ihm auf diese Weise Leben gibt.

Wenn ich an Lazarus denke, muß ich an Menschen denken in Heimen für Schwerstbehinderte, an so manches Mädchen, an so manchen Jungen, so manches Kind, das unter uns lebt mit seinen schweren körperlichen und geistigen Behinderungen – auf sich gestellt gar nicht lebensfähig, täglicher Betreuung bedürftig. Und da sind Eltern, oft auch MitarbeiterInnen, die an diesem Kind hängen, die es gern haben, und die ihm bei aller Last, die es auch bedeutet, das Leben gönnen. Und die alles daransetzen, ihm sein Leben zu erhalten. – So ähnlich kommt mir Lazarus vor, für den Jesus alles daransetzt, daß er am Leben bleibt.

Und noch etwas wird mir an Lazarus bewußt, wenn ich über ihn nachdenke.

Man hat über Jahrhunderte hin im Christentum verkündet:

Das eigentliche Leben sei das Leben *nach* dem Tode. Wenn Jesus selbst es so gesehen hätte, hätte es keinen Anlaß gegeben, Lazarus in *dieses* Leben zurückzurufen. Dann hätte es genügt, wenn Jesus den Schwestern gesagt hätte: Lazarus ist tot. Seid doch froh, daß er jetzt dort ist, im eigentlichen Leben.

Nein, für Jesus ist offenbar dieses Leben, das diesseitige Leben, so wichtig, daß er diesen unbedeutenden Lazarus in dieses Leben zurückruft und ihn den Schwestern zurückgibt – ein Hinweis darauf, wie wichtig ihm dieses Leben ist und wie wichtig ihm menschliche Beziehungen sind. Hinweis auch, daß man, weil er (Jesus) in den Tod geht, noch lange nicht auf die Idee kommen soll: Dies Leben sei nichts wert, sei nur Vorstufe für das eigentliche.

Lazarus sitzt dort am Tisch, wortlos, ein stummes Zeichen für die Wertschätzung des Lebens. Und nach den Aufregungen der letzten Tage ist nun Freude eingekehrt ins Haus der Schwestern Maria und Martha. Zwar ist alles noch unbegreiflich, geheimnisvoll, ein Rätsel. Aber das Glück über die Rettung des Bruders überwiegt alles, so sehr, daß Maria das Kostbarste nimmt, was sie besitzt, um Jesus zu danken. Vielleicht nicht nur, um ihm dafür zu danken. Sie überschüttet Jesus regelrecht mit einem Überschwang ihrer Liebe. Und das erregt Empörung und Protest.

Und damit sind wir bei der zweiten Figur in der Tischrunde von Bethanien, bei jenem Mann, dessen Name zum Symbol für Verrat wurde: *Judas Iskarioth.* Hier in der Geschichte wird er zum Symbol für Verrat am Leben.

Keine Frage: Der Jünger Judas Iskarioth spielt eine zwielichtige Rolle. Aber es ist auch keine Frage, daß die Berichte des Neuen Testaments von Markus, Matthäus über Lukas zu Johannes hin sein Bild immer stärker verzerren und ins Rabenschwarze tauchen. Der Abscheu malt mit. Aber nun ist es ja so: Wer ein Bild malt, zeichnet dahinein auch immer Züge seiner selbst. Das eigene Unbewußte malt mit, malt gerade *die* Seiten in den anderen hinein, die man an sich selbst am meisten verabscheut (und oft an sich selbst nicht bemerkt oder bemerken will).

Und so denke ich mir, daß die Evangelisten im Porträt des

Judas jeweils auch ihre eigenen Schattenseiten und Dunkelseiten dargestellt haben, bewußt oder unbewußt. Und das wiederum heißt für mich, der ich das Porträt nun nachzuzeichnen versuche: Achtung! Wenn du von Judas sprichst, sprichst du auch von dir selbst.

Judas sitzt mit in der Tischrunde dort in Bethanien, und er ist es, der hier mit einer abfälligen Geste das Wort über die Liebesverschwendung der Maria sagt: Dies hätte man für teures Geld verkaufen und den Erlös den Armen geben sollen.

Wer so spricht, hat zunächst einmal die Sympathie aller sozial bewußt Denkenden. Er macht sich zum Fürsprecher der Armen.

Als hätte er dies für sich als das Wichtigste bei Jesus gelernt: Anwalt zu sein für Menschen, die Not leiden. Und was sich da vor seinen Augen abspielt an Verschwendung, das bringt er nicht zusammen mit seinen sozialen Grundsätzen. Nicht wahr: Da träufelt diese Frau (Maria) ein Nardenparfüm (offenbar indischer Import) im Wert von 300 Dinaren (!) auf Jesu Füße (als Fußpflege!) – ein ganzes Gefäß. Warum nicht die Hälfte? Warum nicht ein Viertel?

300 Dinare, das Jahreseinkommen eines Arbeiters! Davon mußte eine Arbeiterfamilie ein ganzes Jahr lang leben, wenn auch kärglich. Wenn ich mir das vor Augen halte: Ich merke, wie ich die soziale Empörung, diesen Schrecken über soviel Verschwendung mit Judas teilen kann.

Aber nun geschieht für mich das Aufregende und eigentlich Bestürzende, bestürzend, weil ich mich oft ähnlich verhalte wie Judas: Er denkt an die Armen, die nicht da sind, und übersieht die Menschen, die unmittelbar vor ihm sind. Als ob er gar nicht spüren könnte, was hier gefeiert wird. Als ob er Lazarus gar nicht sähe, der aus der Totenstarre ins Leben zurückgekehrt ist. Als ob er das Glück der Maria, die ihren Bruder wieder hat, gar nicht nachvollziehen könnte (wie mancher würde sein ganzes Vermögen hergeben, um einen geliebten Menschen wiederzuhaben!). Judas scheint dies alles gar nicht wahrzunehmen, als habe er gar keinen Blick dafür. Es ist, als ob zwischen ihm und diesen Menschen dort am Tisch sein sozialer Grundsatz stünde wie eine Mauer.

Ja noch mehr: Er wähnt sich Maria gegenüber überlegen und im Recht. Er benutzt seinen sozialen Grundsatz (heute würde man sagen: seinen diakonischen oder christlichen Grundsatz) dazu, um Maria daran zu messen, sie ins Unrecht zu setzen. Und er merkt nicht, wie er mit seinem sozialen Anspruch Macht ausübt.

Und gegen dieses Messen und Machtausüben im Namen von sozialen Grundsätzen nimmt Jesus die Maria in Schutz: Laß sie gewähren!, hält er Judas entgegen.

Ich denke, es gab und gibt in kirchlichen Institutionen durchaus auch ein solches Machtausüben im Namen diakonischer oder sozialer Grundsätze. Das Hineinregieren in das Leben anderer im Namen sogenannter »christlicher« Normen. So ist gewiß über Generationen hin Macht ausgeübt worden über MitarbeiterInnen und PatientInnen. Und die Geschichte dieses Machtmißbrauchs und dessen Folgen muß erst noch geschrieben werden. Ich selbst habe als Jugendlicher solchen Machtmißbrauch im Namen hoher christlicher Ideale in bedrückender Weise am eigenen Leibe erlebt und rebelliere dagegen, wo ich nur kann. Aber ich bin auch selbst gegen ein solches Machtverhalten nicht gefeit.

Und noch etwas ist da: Judas führt Zahlen an: 300 Dinare hat er mit raschem Blick ausgerechnet. Er rechnet das Liebesgeschenk der Maria sofort in Geldwert um. Alles wird berechnet, auch die Liebe dieser Frau. Für Judas, wie Johannes ihn hier schildert, ist das offenbar eine ganz fremde Welt: Ein Mensch, eine Frau, die sich in ihrer Liebe und Dankbarkeit verströmt, ohne zu rechnen. Ein Messias, der seine Erfolgschancen nicht taktisch klug kalkuliert wie ein cleverer Wahlkämpfer, der statt dessen sich selbst ausliefert.

Judas rechnet. Sein Denken bewegt sich in Zahlen, in Überlegungen von Nutzen und Geldwert. Vielleicht ist es ja so, daß man bei einer solchen Lebenseinstellung in seinen Gefühlen verarmt, auch wenn man sozial oder diakonisch engagiert ist: ein Mensch, der die Armen ins Feld führt, (vielleicht) um die eigene innere Armut nicht sehen zu müssen. Ein Mensch, der spürt, daß er das niemals könnte, was die Frau da vor seinen Augen tut und der ihre Liebe deshalb abwerten muß.

Wenn Judas jetzt sagen könnte: Maria, ich beneide dich. Oder: Ich versteh' dich nicht. Oder: Es empört mich, was du da tust. Wenn er das so sagen könnte, dann wäre eine Brücke gebaut. Aber er spricht ja nicht direkt mit Maria, sondern über sie, also ohne Beziehung.

Judas, ein Dieb, der Verrat am Leben begeht. Ich verstehe jetzt besser, warum der Evangelist Johannes ihn so zeichnet: offenbar hat er diese Diebeshaltung an sich selbst, und sei es unbewußt, zumindest als Gefahr gekannt ... Judas, wie er hier von Johannes porträtiert wird, Judas stiehlt mit seinem Rechnen, er stiehlt der Maria ihre unbefangene Liebe. Er stiehlt Jesus die Ehrung und Salbung zum Tod. Und er stiehlt sich selbst den Zugang zur Liebe, zu den Menschen. Und bringt sich um das Leben. Und das ist erschreckend und erschütternd.

Judas im Porträt des Johannes ist wie ein Spiegel. Er zeigt uns, wie das aussieht, wenn man Verrat am Leben begeht. Und wie das sogar unter dem Deckmantel sozialer Grundsätze geschehen kann. Dieser Judas ist, in unserer Geschichte, die Gegengestalt zu Maria.

Und damit sind wir beim dritten Porträt aus der Tischrunde von Bethanien, bei *Maria.* Maria, Schwester des Lazarus. Von ihr erfahren wir an anderer Stelle, daß sie Jesus Entscheidendes verdankt für ihr eigenes Leben. *Was* durch Jesus in ihrem Leben anders geworden ist, wissen wir im einzelnen nicht. (Wir haben keine Tagebuchnotizen.) Aber manchmal spricht ja das, was ein Mensch in einer bestimmten Situation tut (eine einzige Geste) mehr als viele Tagebuchnotizen.

Maria spricht, wie Lazarus, in dieser Tischrunde kein einziges Wort. Und doch ist mit dem, was sie wortlos tut, alles gesagt. Ja, sie sagt mehr, als sie vielleicht selbst weiß. Sie salbt den, durch den sie das Kostbare an ihrem Leben entdeckt hat, mit dem Kostbarsten, was sie hat. Sie überschüttet Jesus, der ihrem Bruder das Leben neu gab, mit dem Duft ihrer Liebe. Sie wagt damit sehr viel als Frau in ihrer Gesellschaft. Sie hält sich nicht an die vorgeschriebene Rolle. Aber sie kümmert sich nicht darum, ob es peinlich wirkt, ob ihre Liebe zu diesem Mann Jesus nun für alle sichtbar wird.

Dennoch: Sie gibt sich mit dieser Liebe sehr preis. Sie setzt sich den Bewertungen und Verdächtigungen der Umwelt aus. Das kann nicht spurlos an ihr vorübergehen. Bei allem Mut – ihre Liebe ist sehr schutzbedürftig. Und ich weiß nicht, wie die Situation für Maria ausgegangen wäre, wenn Jesus sie nicht ausdrücklich in Schutz genommen hätte.

Johannes zeichnet sie hier als Frau, die ganz und gar eintaucht in den Augenblick. Sie ist mit ihrer ganzen Person nur noch Hingabe und Sichverströmen. Sie kann eigentlich nicht wissen, daß Jesus bald, ja in wenigen Tagen schon, sterben wird. Aber wie oft bei wirklich Liebenden hat sie eine Ahnung von dem, was bevorsteht. Und Jesus selbst ist es, der gegen das Rechnen des Judas diesen Zusammenhang herstellt: Laß sie gewähren, Judas, diese Liebesgabe hat sie für mein Begräbnis aufbewahrt. So nah ist das nämlich. Schon morgen vielleicht wird sie mir diese Liebe nicht mehr erweisen können. Es ist für ihre Liebe die letzte Gelegenheit. »Arme habt ihr allezeit bei euch, mich aber nicht.«

Damit bekommt diese Liebesgeste der Maria etwas Unwiederholbares und Einmaliges. Liebe im Angesicht des Todes. Diese Stunde, diese Gelegenheit für die Liebe wird nie wiederkehren.

Gerade für die, die lieben, gibt es solche nie wiederkehrenden Stunden. Und diese Stunden haben oft den Wert von Jahren. Jesus schafft Freiraum für eine solche Liebe, die die Vergänglichkeit des Augenblicks, aber auch die Kostbarkeit des Augenblicks und die Kostbarkeit des Lebens ahnt. Und damit ist alles »judashafte« Rechnen am Ende. Maria, in ihrer Liebe, hat die Einmaligkeit der Situation erfaßt. Sie hat den Mut, das zu tun, was nach den Regeln des Rechnens reine Verschwendung ist. Und damit zeigt sie bis heute, was eigentlich durch die Begegnung mit Jesus in ihr Leben gekommen sein muß. Was für ein Schatz an Lebendigkeit, an Liebesfähigkeit und wieviel Mut, auch Mut zur Verschwendung, weil sie liebt.

Ich wünsche mir diesen Mut zur Verschwendung gegen die Judashaltung in meinem Leben, die mich viel zu oft um meine Lebendigkeit und um mein Leben bringt. Und ich kann mir denken, daß es im Leben solche Verschwendungen geben muß, die von der Umwelt möglicherweise naserümpfend beurteilt werden, die aber von Jesus, dem Anwalt des Lebens, ausdrücklich geschützt sind.

Lebensdurst und Lebensquelle

Johannes 4,4–30

Es ist heiß um die Mittagszeit im steinigen Bergland von Samaria. 45° im Schatten. Da kann kein Mensch arbeiten. Da geht auch eigentlich kein Mensch zum Brunnen, der eine Viertelstunde Wegs außerhalb des Dorfes liegt. Es sei denn ein Wanderer, der da zufällig eine Rast machte. Oder aber es sei denn, man hätte als Bewohnerin des Ortes andere Gründe, um diese Zeit Wasser zu holen, um diese Zeit, da die Wahrscheinlichkeit am größten ist, am Brunnen keinem Menschen zu begegnen – man hätte also Gründe, die kühle Abendzeit zu meiden, wenn hier am Brunnen lebhaftes Treiben herrscht von all den Frauen, die mit Krügen auf dem Kopf hierherkommen, natürlich um Wasser zu schöpfen, natürlich um den neuesten Klatsch zu erzählen!

Da gibt es Leute, die miteinander reden, und solche, über die am Brunnen geredet wird. Und wenn man weiß: Über mich wird da geredet am Abend – nun, dann holt man sein Wasser lieber um die Mittagszeit. So begegnet diese Frau, die in der Mittagszeit ihr Wasser holt, dort am Brunnen dem fremden Wanderer, der unterwegs ist von Judäa nach Galiläa. Jesus ist dort allein. Seine Jünger sind ins Dorf gegangen, um Wegzehrung zu kaufen. Jesus ist müde von der Wanderschaft. Da ist der Aufenthalt am Brunnen im Schatten der Bäume eine Wohltat.

Das ist die Szene, die der Evangelist Johannes uns vor Augen malt: Der Jakobs-Brunnen um die Mittagszeit. Und was sich vor diesem Hintergrund abspielt: Dieses Gespräch zwischen der samaritischen Frau und Jesus, diese Begegnung, in der mitten im Alltäglichen die Lebensfragen aufbrechen, wo der 32 Meter tiefe Brunnen mit seiner alten religiösen Tradition, wo das Wasserschöpfen zum Anlaß wird, über Lebensdurst und Lebenssinn zu sprechen – das alles ist mit einer hohen Kunst der Andeutung und Symbolik erzählt, so daß man sich alsbald nicht als Zuschauer erlebt, sondern als Beteiligter, als solcher, der da selbst zur Sprache kommt.

Dabei sind die Gesprächspartner sich zunächst fremd. Und es ist die Frau, die das anspricht. Mit Recht. Denn da ist dieser fremde Mann, mit dem sie sich allein am Brunnen vorfindet. (Und mit Männern hat sie schließlich ihre Erfahrungen.) Vor allem aber ist er ein Jude, ein Rabbi noch dazu. Und was die Juden über das religiöse Mischvolk der Samaritaner dachten, das wußte die Frau nur zu genau. »Ansteckend unrein!« nannte man sie verächtlich. »Geh nicht in ihr Land, spricht nicht mit ihnen, rühr' sie nicht an!« so warnte man in Israel die Kinder vor dem Umgang mit Samaritern. Eine lange gehässige, feindselige Volksgeschichte steht zwischen diesen beiden Menschen, die sich dort am Brunnen treffen, Vorurteile und überhebliche Distanz.

Und das erste, was die Frau zu spüren bekommt, zu ihrer Überraschung: Von diesem fremden Juden gilt das nicht, im Gegenteil. Der Fremde bittet sie: Gib mir zu trinken. Die Frau ist erstaunt: Du, ein Jude, bittest mich, eine samaritische Frau – bei allem, was uns rassisch, religiös, gesellschaftlich trennt? Das ist ungewöhnlich. Ja, das ist schon eine Spur »Völkerverständigung« dort am Brunnen. Und es geschieht ohne Parolen und Schlagworte. Jesus tut es einfach, indem er bittet. In seiner Person scheinen die alten Feindschaften überwunden.

Die Frau staunt: Du, ein Jude, bittest mich, eine samaritische Frau?

Jesus entgegnet ihr: Wenn du wüßtest, wer der ist, der dich um Wasser bittet, du würdest ihn bitten um quellfrisches Wasser und er würde es dir geben, so daß du nicht mehr dürsten mußt. Denn das Wasser, das ich dir gebe, wird in dir selbst zu einer lebendigen Quelle, aus der dir wirkliches Leben zufließt.

Was Jesus hier sagt, ist voller Anspielungen und Andeutungen. Zunächst Anspielungen auf seine eigene Person: Wenn du wüßtest, wer der ist, der dich bittet – daß in meiner Person Gott etwas von dir erbittet. Daß Gott so zu dir kommt, als ein bittender Wanderer am Brunnen.

Jesus deutet nur an, wer er ist. Er deckt sein Personengeheimnis nicht gleich auf, überfährt die Frau nicht mit seiner göttlichen Mächtigkeit. Aber er macht neugierig –, so daß sie aufmerksam werden *könnte,* es selbst entdecken *könnte:* Wenn du wüßtest, wer dich bittet ... Ja, vielleicht würde es dir überhaupt nicht einleuchten, erst recht nicht imponieren. Das leuchtet bis heute nicht ein und imponiert auch nicht: Daß Gott nicht machtvoll daherkommt. Das legt man ihm als Schwäche aus, das nimmt man zum Anlaß zu sagen: Es gibt ihn gar nicht. Oder: Man kann auch gut ohne ihn.

Nein, er bittet. Er bittet, unser Leben mit ihm zu teilen, ihm etwas von uns zu geben. Das ist seine Art, sich uns bekannt zu machen als der menschliche Gott.

Wenn du wüßtest, wer der ist, der dich bittet, du würdest ihn bitten. Und das Wasser, das er dir gibt, wird in dir selbst zu einer lebendigen Quelle, so daß es in dir sprudelt vor Leben und Lebendigkeit. – Also, das Lebendige in dir selbst könntest du entdecken.

So sieht Jesus diese Frau an. Er sieht in ihr Möglichkeiten, die sie selbst noch gar nicht entdeckt hat. Er sieht in ihr eine Lebendigkeit, die ihr noch verborgen ist. Und wiederum: So menschlich ist Gott. Er spricht das Innerste der Frau an, ihre verschüttete Vitalität, und überläßt es doch ihr, das zu entdecken.

Man könnte ja denken: Gott! der kann einen Menschen mit einem schöpferischen Eingriff von Grund auf verwandeln. Der kann das! Der macht das! Der zaubert mal eben in der Frau, die so nach dem Leben dürstet, die lebendige Quelle hervor.

Nein, sie selbst muß es entdecken, sonst ist es nicht *ihre* Quelle, ihre eigene Lebendigkeit.

Jesus beschränkt sich darauf anzudeuten, wer er ist, nämlich der Lebendige: Wenn du wüßtest, wer dich bittet ... Aber sie selber muß es entdecken, muß es zulassen und leben.

Denn es hat ja vielleicht seine Gründe, daß sie bisher sich diese Lebendigkeit verborgen hat. Es ist ja manchmal sehr schmerzlich, das zu entdecken. Man kriegt ja vielleicht auch Angst davor, das bisherige, gewohnte Lebensschema zu verlassen und Neues zuzulassen.

Also, Jesus berührt sie an ihrem verschütteten, vitalsten Punkt, an ihrer inneren Quelle. Aber er hält die Grenze ein, hütet sich vor »göttlichen« Übergriffen auf die Seele dieser Frau und überläßt es ihr, die Chance zu entdecken, die sich in dieser Begegnung mit ihm für sie auftut.

Wenn du wüßtest – in dir würde sich viel verändern.

Die Frau hört das wohl. Man hat den Eindruck: Sie ahnt, um was es geht. Aber noch will oder kann sie sich darauf nicht einlassen. Noch muß sie ausweichen, um sich ihr gewohntes Lebensschema zu bewahren. Sie spricht ausweichend davon, was für eine ehrwürdige alte Tradition dieser Brunnen doch hat, aus dem sie schöpft, der »Jakobs-Brunnen«: Ja, der »Vater Jakob« ... Man hört den verklärten Klang in ihrer Stimme, aber man merkt: Diese Tradition gibt ihr schon längst nichts mehr.

Schließlich wendet sie die Worte Jesu vom Quellwasser, das den Lebensdurst stillt, ins rein Praktisch-Nützliche: Das ist praktisch, sagt sie, gib mir solches Wasser, damit ich nicht mehr herkommen muß zum Schöpfen und keinen Durst mehr habe.

Die Frau sagt damit über sich mehr aus, als ihr bewußt ist. Unwillkürlich zeichnet sie von sich das Bild eines Menschen, der möglichst fragt: Was hab' ich davon? Was nützt mir das? Wozu kann ich das brauchen? Die Dinge werden ihr zum »Gebrauchsgegenstand«, wir sagen heute: zum Konsumartikel.

Die Lebenshaltung dieser Frau ist uns heute wahrhaftig gar nicht so fremd. Dabei ahnt sie, daß es um mehr geht als ums rein Praktische, ums Konsumieren. Aber sie hat sich offenbar angewöhnt, Tiefergehendes von sich fernzuhalten. Das geht ihr zu nah, wird ihr zu persönlich. Sie möchte ihr Konsumdenken nicht aufgeben. Was sie für sich erwartet, das soll nichts verändern bei ihr. Das soll ihr Leben nur erleichtern. Und sie ahnt nicht (oder doch?), daß diese Haltung Ursache sein könnte für ihren ungestillten Lebensdurst.

Aber ihr Ausweichen währt nicht lang. Schon im nächsten Augenblick wird Jesus zupackend und sehr direkt. Er wird auf seine Weise praktisch: Geh, hol deinen Mann und komm her, sagt er ihr. Hol den, der mit dir lebt, mit dem du deinen Lebensdurst stillen möchtest. Hol deinen Mann!

Man begreift sofort: So sieht uns Jesus an – nicht als Einzelmenschen, sondern mit anderen zusammen. Denn was unser Lebensdurst anrichtet (auch unser Lebensverdruß), das bekommen die anderen unmittelbar zu spüren, mit denen wir zusammen leben. Die anderen sind darin unser Spiegel, manchmal ein unbequemer Spiegel: Geh, hol' deinen Mann, deine Frau, dein Kind, deinen Freund, deinen Geliebten, deinen Kollegen –. Jesus greift mitten ins Leben dieser Frau, ganz praktisch. Und das bringt sie sehr in Verlegenheit. Denn nach damaligen Normen lebt sie in einer illegalen Verbindung. Noch ist es nicht ausgesprochen, aber jeder im Dorf weiß es ja. Schon fünfmal ist sie mit Männern zusammengewesen. Aber diese Beziehungen waren nicht von Dauer. Und ihre jetzige Beziehung wagt sie nicht zu legalisieren. Sie redet sich zunächst heraus mit einer Halbwahrheit: Ich habe keinen Mann.

Sie kennt es nicht anders. Vor wem kann sie schon sagen, was wirklich ist. Vor wem kann sie schon davon sprechen, daß sie mit ihrem Lebensdurst, mit ihren wechselnden Beziehungen und mit ihrem Bedürfnis nach einem Menschen, der sie versteht und liebt – daß sie damit schon so oft gestrandet ist. Das ist es doch, was jedermann über sie munkelt. Deshalb ist sie doch Gesprächsstoff beim Klatsch der Frauen am Brunnen. Daß sie hier zum ersten Mal einem Menschen begegnet, vor dem sie ihre Lebensgeschichte nicht verschweigen muß – wie soll sie das wissen?!

Aber schon in den nächsten Minuten wird sie es wissen. Nur noch wenige Sätze sind nötig, um ihr das klarzumachen. Jesus versteht wohl, daß sie ihre Lebensgeschichte gern zudecken möchte. Und er scheint auch zu merken, daß sie selbst es nicht aussprechen kann. Eine Barriere ist da. Scheu und Scham, aber auch Angst. Angst, nun auch in den Augen dieses Menschen verachtet zu werden (wie von den anderen), wenn nun auch er ihr Lebensdilemma erfährt.

Jesus scheint das zu durchschauen. Und deshalb spricht er aus, was *sie* nicht aussprechen kann: Fünf Männer hast du gehabt (nicht wahr), und der jetzige ist nicht dein Mann, sagt er ihr. Aber er sagt das nicht vorwurfsvoll oder urteilend, wie sie es bisher immer gehört hat. Auch nicht beschönigend oder mitleidig, wie sie es vielleicht auch schon oft von anderen Männern gehört hat, die mit ihrem beschönigenden Mitleid sich nur einen Vorteil bei ihr versprachen. Er redet auch nicht hinter ihrem Rücken wie die anderen. Nein, er sagt es, um Klarheit herzustellen zwischen ihr und ihm, sagt es ihr direkt und darum barmherzig: Ich kenne deine Geschichte, deinen Lebensdurst. Und ich weiß auch, daß du jetzt nicht glücklich bist. Denn du sagst mit Recht, auch der jetzige Mann gehört nicht wirklich zu mir. Dein Lebensdurst, dein Durst nach Liebe, Zärtlichkeit, nach Zugehörigkeit, in der du du selbst sein könntest, ist auch jetzt nicht gestillt.

Die Frau hat so etwas noch nicht erlebt: Daß einer sie kennt und nicht abwertet, sondern ernst nimmt. Sie kommt aus dem Staunen nicht heraus, daß dieser fremde Jude am Brunnen ihre Lebensgeschichte so von innen kennt. Herr, spricht sie ihn an, ich sehe, du bist ein Prophet. – D. h., du hast die Augen Gottes. Du erforscht mich und kennst mich.

Unwillkürlich spricht sie von ihrer Religion, von ihrem Durst nach letzter Geborgenheit und Zugehörigkeit. In der Gegenwart dieses Mannes, der sie durchschaut und doch gelten läßt, kommt sie unwillkürlich auf Gott zu sprechen. Und wenn man genauer hinhört, merkt man ihre religiöse Unsicherheit. Sie lebt zwar in der Frömmigkeit ihres Volkes. Aber sie ist ja eine Verachtete, eine Frau, die gerade von ihrer religiösen Umgebung verachtet wird. Wie soll sie in ihrer Gottesbeziehung geborgen sein? Sie gehört ja nicht dazu. Und so hat sie auch in ihrer Religion keinen Ort, wo sie wirklich dazu gehörte. Sitzt religiös zwischen den Stühlen. Unsere Vorfahren, sagt sie, haben auf diesem Berg Gott angerufen. Ihr Juden behauptet, in Jerusalem müsse man Gott anbeten. Wer hat nun recht? Woran soll man sich halten? Die uralte religiöse Streitdiskussion: Wer hat den richtigen Glauben, ihr oder wir?

Jesus läßt sich auf diesen fruchtlosen Streit ums Besserwissen erst gar nicht ein: Glaube mir, Frau, sagt er, es kommt die Stunde, und jetzt, wo ich mit dir rede, ist die Stunde, da sucht man Gott weder auf dem Berg noch in Jerusalem. Da kann sich keine

Religion, keine Konfession als Vermittlerin Gottes aufspielen. Da tritt Gott selbst jedem persönlich gegenüber. Da gibt es keinen Ort, wo Gott nicht wäre. Da gibt es kein Gebet, das Gott nicht erreichte. – Da ist es so wie zwischen dir und mir jetzt: Wo zwei Menschen sich berühren, sich so begegnen, so offen sind – da ist Gott. Und das *ist* dann Beten, nämlich in der Gegenwart Gottes miteinander reden im Geist der Wahrheit.

Die Frau begreift sofort: Der Mann ihr gegenüber spricht von der künftigen messianischen Zeit, das hat sie so gelernt: Ich weiß, sagt sie, wenn der Messias kommen wird, dann wird es einmal so sein, wie du sagst. – Mit diesem Satz ist sie der Besonderheit ihres sonderbaren Gesprächspartners ganz nahe. Hier rührt sie nun *sein* Personengeheimnis an. Und er? Er wird nun sein Geheimnis preisgeben.

Es ist der aufregendste Augenblick in diesem Gespräch. Es sind nur wenige Sekunden und nur wenige Worte: Ich bin's, der mit dir redet, sagt Jesus: Gott, den du suchst – ich bin's. Verständnis, Geborgenheit – hast du sie bei mir nicht soeben gefunden? Wahrheit über dich und Gott, die Quelle in dir – hast du sie nicht gespürt in unserem Gespräch? In mir, in diesem Juden am Brunnen, der dich bittet, bist du Gott begegnet. In diesem Gespräch mit einem Menschen, der dich durchschaut und berührt, hat Gott dich durchschaut und berührt. Ich bin's.

Das Gespräch ist zu Ende. Die Jünger kommen dazu. Sie kommen aus der Stadt zurück. Aber keiner sagt oder fragt etwas. Es ist eine große, atemlose Stille dort am Brunnen. Gott ist gegenwärtig.

Kein Wort darüber, was in der Frau vorgeht. – Wir wüßten es gerne. Und doch ist das Entscheidende über sie gesagt, wenn es am Schluß heißt: Sie läßt ihren Krug stehen. Das Wasser aus dem Brunnen der Tradition läßt sie stehen, es ist unwichtig geworden. Sie läuft in die Stadt zu denen, von denen sie gemieden wird. Und es sprudelt aus ihr heraus – die Quelle in ihr. Sie hat etwas zu sagen, was dort noch niemand gesagt hat: Kommt her, seht einen Mann, der alles weiß, was ich getan habe.

Ihre Vergangenheit trennt sie nicht mehr. Sie steht dazu, weil Jesus sie mit ihrer Vergangenheit angenommen hat. Seit der Begegnung am Brunnen ist sie frei vom Urteil der Leute, frei für die Leute. Prüft, ob dieser Mann nicht der Messias ist.

Und die Leute? Was für ein Wunder! Sie glauben es ihr. Ihr, über die sie am Brunnen sonst redeten. Die Frau wird für andere glaubwürdig durch ihn, der mit ihr redete, und der nun aus ihr spricht.

Das Fest des Lebens – oder »Wandlung« ist möglich

Johannes 2,1–11

Es ist mir mit dieser Geschichte von der »Hochzeit zu Kana«, solange ich denken kann, ganz widersprüchlich ergangen. Sie ist mir vertraut von Kindheit an. Und als ich anfing, selbständig zu denken, wurde sie mir fremd. Als Kind habe ich das Wunder von Kana bestaunt. Als Achtzehnjähriger, fromm aber kritisch denkend, war sie mir peinlich. Ich fand das unglaubwürdig: Sechshundert Liter Wasser in Wein verwandeln. Mir war es peinlich gegenüber meinen Schulfreunden, die mich, den frommen jungen Mann, damals herausforderten: Na, was sagst du denn mit deinem klugen Köpfchen zu diesem Wundermärchen deiner Bibel? Ich habe mich damals aus der Affäre zu ziehen versucht mit der Bemerkung: Ich müsse ja nicht mit jeder biblischen Geschichte etwas anfangen können. Für mich sei Jesus glaubwürdig, weil er sich für die Menschen einsetzt, die von anderen an die Wand gedrückt werden ... oder so ähnlich.

Dann habe ich als Student das Zitat eines frommen württembergischen Christen gelesen, der etwas gegen Alkohol- und Weingenuß hatte. Er soll gesagt haben: Des isch dem Herrn Jesus sei bests Stückle au net g'wese! Das gefiel mir, weil dieser fromme Mann aus Württemberg mir zeigte: Man kann es auch mit Humor sehen.

Den Zugang zum tieferen Verständnis dieser Geschichte hat mir ein katholischer Freund erschlossen. Er teilte meine Meinung: Das krasse Wunder sei für ihn schlichtweg eine Zumutung, jedenfalls sei es das über Jahre hin gewesen! Aber eines Tages habe er begriffen: Er müsse diese Geschichte wie ein

Gleichnis lesen, ein Gleichnis von der Verwandlung, die in seinem Leben möglich sei.

Später traf ich eine Frau, der diese Geschichte viel bedeutete. Sie hatte ein Gedicht geschrieben, das mit den Worten begann:

> Ein Krug mit Wasser zum Reinigen,
> ein Gebrauchsgegenstand für andere
> draußen vor der Tür zur Hochzeit
> draußen vor der Tür zur Lebensfreude
> das war ich ...

Und sie meinte damit: Sie habe immer gut funktioniert, sei immer für andere dagewesen, habe ihre Gefühle unterdrückt mit ihrer Reinheitsmoral. Alles Erotische habe in ihrer Familie als Sünde gegolten. Sie habe sich mit hohen Idealen umstellt und vor lauter hohen Idealen sei sie ihres Lebens nicht mehr froh geworden. Sie habe erst weit von zu Hause fortgemußt, auch weit fort von den Moralvorstellungen ihrer Familie, um ihr eigenes Leben finden zu können. Und dann habe sich ihr Leben so nach und nach verwandelt. Das habe Jahre gedauert, diese Verwandlung. Und es sei eine Verwandlung mit vielen Schmerzen gewesen. Unter Schmerzen und Glück habe sie so nach und nach ihre eigenen Gefühle überhaupt erst entdeckt: Trauer, Zorn, Zärtlichkeit und Leidenschaft. Ihre Lebendigkeit! Sei sei immer noch ein bißchen wie früher, etwas gehemmt, ängstlich, öfter zu ernst. Aber: »Ich *fühle* mich, fühle mich lebendiger!«

> Ein Krug mitten auf dem Fest des Lebens,
> das bin ich jetzt.

(so schließt ihr Gedicht)

> In meinem Inneren wandelt sich Wasser in Wein.
> Ich kann überfließen.
> Ich kann lachen und weinen.
> Ich kann tanzen und singen.
> Ich kann lieben und zärtlich sein.
> Ein Krug mitten auf dem Fest des Lebens,
> das bin ich jetzt.

Durch solche und ähnliche Begegnungen und Erfahrungen ist diese Geschichte von der Hochzeit zu Kana nun auch meine Geschichte geworden. Eine Geschichte, die mir sagt: Verwandlung ist möglich in meinem Leben. Immer wieder neu, und sei sie noch so klein. Eine Verwandlung hin zu mehr Lebendigkeit, dank Jesus dem Lebensspender!

Als der Wein ausgegangen war, sagt die Mutter Jesu zu ihm:
Sie haben keinen Wein. Da sagt Jesus zu ihr: Frau, was habe ich
mit dir zu schaffen (was geht es dich oder mich an)!
Meine Stunde ist noch nicht gekommen.
Seine Mutter sagt zu den Dienern: Was er euch sagt, das tut.

Johannes 2,3–5

In dieser Geschichte geht es also um Wandlung, nicht nur um Wandlung von Wasser zu Wein, sondern vor allem um die Wandlung des Lebens, die Wandlung von Menschen und damit auch um die Wandlung der Beziehung zum Leben und der Beziehung zu Jesus.

Vielleicht am deutlichsten kommt das im Gespräch zwischen Jesus und seiner Mutter Maria zutage. Ich möchte das, was Maria in dieser Begegnung erfährt, die erste Wandlung auf der Hochzeit zu Kana nennen:

Maria ist es, die die Verlegenheit dieses Festes entdeckt: Sie haben keinen Wein, sagt sie, zu Jesus gewandt. Sie will auf Jesus einwirken, und zwar mit ihrer mütterlichen Autorität. Sie scheint für sich zu beanspruchen, daß sie Jesus ja am nächsten steht. Und daß er als gehorsamer Sohn ihren Vorgaben zu folgen habe. Jesus weist diese Einmischung deutlich zurück. Schroff sagt er: Frau, was habe ich mit dir zu schaffen?! (Wörtlich: Frau, was geht es mich oder dich an.) Jesus »klärt« die Beziehung zwischen sich und ihr. Nicht »Mutter« sagt er, sondern »Frau!« Jesus handelt hier nicht als der Sohn seiner Mutter. Wenn schon als »Sohn«, dann als der Sohn Gottes, d. h. als unabhängiger, eigenständig handelnder Mensch auch ihr gegenüber! (»Sohn Gottes«, »Tochter Gottes« bezeichnet uns als freie Menschen, als Menschen, deren Eigenständigkeit durch Gott gewährleistet ist.) Also diese Unabhängigkeit und Eigenständigkeit muß geklärt sein, sonst kann Jesus nicht »seine Stunde« bestimmen, und die Mutter kann andernfalls keine neue Erfahrung mit ihm machen.

Dies »klärt« Jesus vorweg: Es gibt keinen Menschen, der ihm gegenüber einen direkteren Draht hätte als ein anderer (weder Papst, noch Pfarrer, auch nicht die Mutter). Dies ist der erste Schritt einer »Wandlung« in dieser Geschichte: Die Beziehung wird geklärt. Jesus zieht eine Grenze zwischen sich und seiner Mutter.

Und nun der zweite Schritt: Maria möchte Jesus bewegen, in der kleinen Verlegenheit des Festes zu helfen ... mit Gottes Hilfe ... Alles soll seinen glatten Verlauf nehmen. Sie erwartet von ihm so etwas wie eine Pannenhilfe Gottes.

Ich denke, dies ist eine weit verbreitete Art, auf Gott einzuwirken. Ich kenne sie von mir, und ich kenne sie von anderen. Ich erinnere mich, wie ich als Schüler vor einer Klassenarbeit gebetet habe, für die ich mich nicht genügend vorbereitet hatte, daß es doch noch eine gute Benotung gäbe. – Oft ein Gebet mit enttäuschendem Ausgang, bis ich begriff, daß ich selbst verantwortlich bin.

Marias Satz enthält die Bitte: Hilf doch aus dieser kleinen Verlegenheit. Jesus reagiert darauf mit der erwähnten Abweisung: Frau, was habe ich mit dir (oder damit) zu schaffen! Hier ist etwas zu spüren vom Ärger Jesu über den Mißbrauch seiner Person und über den Mißbrauch Gottes. Was ist das für eine Beziehung zwischen dir und mir, höre ich Jesus sagen, mich als wundertätige Pannenhilfe zu benutzen!

Das ist nachvollziehbar. Man kennt solche Beziehungen: Einseitige Freundschaften, in denen ein anderer Mensch uns vor allem als Notstopfen oder Krisenhilfe in Anspruch nimmt. Wenn es dem anderen schlecht geht, ist man gut genug. Dann sucht er den Kontakt. Sonst nicht. Mit Recht wehren wir uns gegen solche einseitige Definition einer Freundschaft oder einer Beziehung.

Jesus wehrt sich gegen den Mißbrauch seiner Person, und er

wehrt sich gegen den Mißbrauch Gottes: Was ist das für eine Beziehung zwischen dir und mir, zwischen Gott und uns, wenn ich oder wenn er nur als Pannenhilfe gut ist! Da haben Menschen nicht genügend vorgesorgt, und jetzt soll er zaubern. Das ist keine Basis.

Maria scheint begriffen zu haben, daß Jesus nicht nach ihren Vorstellungen handelt, und sie läßt sich von ihm in ihre Grenzen verweisen. Meine Stunde ist noch nicht gekommen, sagt er ihr, und nun hofft sie auf *seine* Stunde. Sie scheint begriffen zu haben: *Er* wird nicht tun, was sie sagt! Das ist eine neue Erkenntnis für sie, und sofort setzt sie diese neue Erkenntnis in die Tat um und fordert die anderen auf, zu tun was er sagt: »Was er euch sagt, das tut!«, flüstert sie den Dienern zu.

Dieser Ausspruch der Maria ist in der kirchlichen Tradition immer wieder als Zeichen der Wandlung der Maria gepriesen, als beispielhaftes Verhalten gerühmt und zur Nachahmung empfohlen worden. Ich kann diesem Ausspruch soviel Nachahmenswertes nicht abgewinnen. Er berührt mich eher zwiespältig: Ja, einerseits scheint Maria erkannt zu haben, daß Jesus nicht nach ihren Vorstellungen handelt. Sie bescheidet sich – ihm gegenüber! Aber, so ist sie nun mal, sie kann das Bevormunden nicht lassen! Sie muß sich weiterhin unentbehrlich machen. Kann sie *Jesus* nicht dirigieren, dann dirigiert sie eben die Diener: Was er euch sagt, das tut! Als ob Jesus nicht Manns genug wäre, dafür zu sorgen, daß das, was er sagt, auch getan wird. Nein, *sie* muß sich als Mittlerin aufspielen und im Gewand der Dienerin ihres Sohnes andere befehligen. Sie *benutzt* dazu seine Autorität und *untergräbt* sie gleichzeitig. Ohne die Mutter geht's eben doch nicht.

Dieses angeblich beispielhafte Verhalten der Maria hat im Laufe der Kirchengeschichte denn auch tatsächlich Schule gemacht. Nur zu gern haben Kirchenleute jahrhundertelang die Autorität Jesu vorgeschoben, um andere zu bevormunden: Was er euch sagt, das tut (und gemeint war damit meist: Was *wir* euch sagen, das habt ihr zu befolgen.). Dies hochgelobte Beispiel der »Wandlung« der Maria auf der Hochzeit zu Kana entbehrt nicht der Komik: So ist es nun mal mit den »Wandlungen« in unserem Leben! *Eine* veränderte Erkenntnis verändert noch lange nicht unser gesamtes Wesen. Die Grundmuster unseres Verhaltens sind so schnell nicht zu verändern. Das erfordert meist einen längeren, schmerzlichen Prozeß der Auseinandersetzung.

Und so war es auch in der Beziehung der Maria zu Jesus. Die biblischen Texte berichten von verschiedenen heftigen Auseinandersetzungen, die Jesus sich und seiner Mutter Maria immer wieder zugemutet hat. Wandlung durch Auseinandersetzung – das ist ein schmerzlicher, langer Prozeß. Da geht es nicht nur darum, daß der Sohn sich von der Mutter löst, sondern auch die Mutter vom Sohn, um eine neue Beziehung zu finden, zu sich, zu ihm, zu ihrem Leben, zu Gott.

Am Schluß der Geschichte heißt es:

Dies tat Jesus als Anfang der Zeichen zu Kana in Galiläa und offenbarte seine Herrlichkeit (d.h. seine besondere Beziehung zu Gott und zum Leben) und seine Jünger glaubten an ihn.

Johannes 2,11

Jesus setzt hier also sein erstes Zeichen. Und zu diesem Zeichen gehört, daß er an einem Fest teilnimmt. Mit diesem ersten Zeichen legt er seine Tonart fest, gibt er seine Grundmelodie an für das neue Lied, das durch ihn in dieser Welt angestimmt und mit ihm gesungen wird. Es ist ein erstes Zeichen vor allem für seine Jünger. Seine Jünger stammen überwiegend aus dem Schülerkreis Johannes des Täufers. Da wurde nicht gefeiert, da wurde gefastet. Da gab es nicht die laute Fröhlichkeit der Tischgesellschaften Jesu. Da herrschte büßerischer Ernst.

Jesus (im Bericht des Johannes) geht als erstes zum Fest, zum Fest, auf dem gelacht, gesungen, gebechert und geliebt wird! So macht Jesus seinen Jüngern erfahrbar deutlich, wer er ist. Nämlich der, der unser Leben zum Fest macht!

Wenn ich an Jesus denke, fällt mir das keineswegs als erstes ein! Mir läge es näher zu erwarten, daß er zuerst in die Elendshütten geht, zu den Menschen in Not. Oder daß er zuerst eine programmatische Rede hielte (so schildert ihn Matthäus). Nein, Jesus geht zuerst zum Fest, zur Hochzeit, so schildert ihn uns Johannes. Er feiert mit den Menschen das Fest der Liebe. Und dies ist keine Einzelaktion am Anfang! Sondern das zieht sich durch viele Berichte über ihn hindurch. Das fröhliche Fest ist so sehr sein Kennzeichen, daß die Strenggläubigen über ihn urteilen: Wie ist dieser Mensch ein Fresser und Weinsäufer! Jesus hat ihnen geantwortet: Wie können die Hochzeitsleute fasten, wenn der Bräutigam bei ihnen ist. Er selbst sieht also seine Gegenwart in dieser Welt vor allem als Hochzeitsfest mit den Menschen, als das Gegenteil dessen, was »christlicher Glaube« aus Jesus und Gott gemacht hat.

Ich denke an unsere Feste, ich stelle mir das vor, etwa eine Hochzeit. Und ich denke mir, nun würde jemand mitten in die Hochzeitsstimmung hinein sagen: Wißt ihr, daß Jesus mit dabei ist! – ich bin sicher, sofort würde sich eine genierliche, fromme Lähmung ausbreiten. Man wüßte nicht mehr: Darf man tanzen? War der letzte Witz ungebührlich? Ist die Musik zu laut? Ist die Stimmung zu feucht-fröhlich? Muß jetzt ein Gebet gesprochen werden? Hilfe! Ist ein Pfarrer da, der das Tischgebet spricht? Jesus, der die Freude lähmt! – Es ist eine verzweifelt tragische Sache: Das haben wir weithin aus Jesus gemacht! Von Jesus, dem Freudenmeister, weit und breit keine Spur!

Ich erinnere mich an ein Tanzfest der evangelischen Studentengemeinde in Heidelberg im Winter 1959. Man erwartete als Gäste befreundete Studenten, die aus Göttingen mit einem Kleinbus herüberkommen wollten. Es herrschte bald eine tolle, ausgelassene Stimmung. Aber die Göttinger blieben aus. Da kam die telefonische Nachricht, der Bus sei kurz vor Heidelberg auf glatter Fahrbahn verunglückt. Man wußte aber nichts Genaues. Die Feststimmung war dahin, Tanzen war nicht mehr möglich. Dann wieder ein Telefonanruf. Diesmal sprach einer der Göttinger Studenten selbst: Wir sind alle unversehrt! Wir sind mit dem Schrecken davongekommen! – Als sie schließlich im Festsaal eintrafen, wurden sie mit unbeschreiblicher Freude begrüßt. Der Festleiter bat die Kapelle um einen Tusch und stellte die Frage: Wie können Christen auf einem Tanzfest Gott danken, daß Freunde mit dem Leben davongekommen sind? – Und er gab die Antwort: Indem man tanzt!

Das war der Augenblick, als für mich Jesus als der »Freudenmeister« auf unserem Fest erschien! Menschen waren gerettet. Das Fest war gerettet. Aber es war nun ein ganz anderes Fest. Es war das Fest von Menschen, die einen Moment lang den Tod gespürt hatten, und denen bewußt wurde, was das heißt zu leben! Es war aber auch das Fest von Menschen, die dieses Davonkommen mit dem Leben als ein Geschenk empfanden und feierten!

Jesus als Freudenmeister auf der Hochzeit zu Kana. Sein erstes Zeichen, Hinweis darauf, wer er ist. Seine Jünger werden eingestimmt auf den Freudenton seiner Gegenwart. – Und sie glaubten an ihn.

Konkurrenz

Matthäus 18,1–3

In jener Stunde traten die Jünger an Jesus heran und sagten: Rabbi, wer ist der größte im Himmelreich?
Da rief Jesus ein kleines Kind herbei, stellte es mitten unter sie und sagte:
Amen, ich sage euch: Wenn ihr nicht umkehrt und seid wie ein solches Kind, werdet ihr das Himmelreich verfehlen.

»Rabbi, wer ist der Größte?«

Hier geht es um ein ganz brisantes Thema, das Thema Konkurrenz. Konkurrenz im Kreis der nächsten Freunde Jesu.

Wir machen uns ja in der Regel ein geschöntes Bild von den Jüngern: Eine Gruppe von gleichgesinnten und friedlichen Leuten, so denkt man, wo einer nur das Beste für den anderen will, wo es vielleicht gelegentlich Spannungen geben mag, aber keine Machtkämpfe oder Streitereien.

Hier und an anderen Stellen im Neuen Testament lesen wir es anders. Konkurrenz untereinander war allgegenwärtig.

Lukas schreibt: In den Jüngern stieg der Gedanke auf, wer wohl der Größte unter ihnen wäre. Bei Markus heißt es: Jesus fragt seine Jünger: Was habt ihr unterwegs verhandelt? Sie aber schwiegen. Denn sie hatten sich darüber gestritten, wer der Größte sei.

An unserer Stelle nun bringen die Jünger das Thema selbst auf den Tisch: »Meister, wer ist der Größte (im Himmelreich)?«

Ich finde, dazu gehört Mut, das offen anzusprechen, es im Beisein der anderen anzusprechen, daß man so etwas denkt: Wer ist der oder die Bessere, der oder die Bedeutende? Es gehört Mut zu so viel Offenheit, vor allem unter uns Erwachsenen, und vor allem im christlichen Milieu.

Als Kinder, ich erinnere mich, haben wir uns das getraut: Ich bin größer als du. Ich kann schneller laufen als du. Ich kann weiter springen als du. Und dann wurde um die Wette gesprungen, um die Wette gelaufen und dann hat man sich Rücken an Rücken gestellt und dann wurde gemessen, wer ist größer: Du oder ich? Und das war keineswegs für alle angenehm. Denn einige waren ja nun kleiner als die anderen, waren langsamer. Und eine war tatsächlich die Größte, und einer der Kleinste. Das tat auch weh, so etwas wahrzunehmen. Aber so haben wir gelernt (als Kinder), mit dem schwierigen Thema Konkurrenz umzugehen (nicht immer auf gute Weise). Aber wir haben es getan.

Im Erwachsenenalter wurde das irgendwann (für mich jedenfalls) schwieriger. Es wurde peinlicher, dies offen zuzugeben, daß man so etwas denkt. Daß man solche Konkurrenzgedanken und Größenphantasien in sich hat: Wer ist der Größte unter uns!

Vielleicht lag es auch am »christlichen« Milieu, in dem ich aufgewachsen bin: Unter Christen muß man ja demütig und bescheiden und zurückhaltend sein, da darf man solche Gedanken nicht haben, geschweige denn aussprechen. Dabei geht es gerade auch in christlichen Gruppen um dieses Thema: Wer ist hier der oder die Wichtigste. Das ist zwar oft verdeckt unter frommer Rede. Man streitet um »die theologische Sache«, um die Wahrheit, um Gott. Gleichzeitig aber geht es darum: Wer hat hier das Sagen, wer kriegt die meiste Zustimmung? Oder: Der Wettbewerb wird nach dem Maßstab typisch »christlicher« Werte ausgetragen: Wer ist die Demütigste? Wer ist der Bescheidenste? Das ist unter neuem Vorzeichen genau dasselbe Konkurrenzverhalten, nur umgekehrt gepolt.

Und ähnliches erlebt man in fast allen Gruppen: Auch in der Klinik. Ob es um die medizinische Hierarchie geht, um das Sagen in den Stationsteams oder unter Bewohnern, in den Raucherecken oder bei den Flurgesprächen. – Meist geht es offen oder verborgen auch um diesen Punkt: Wer ist hier der/die Größte? Wer steht im Mittelpunkt? Wer setzt sich durch? Und umgekehrt: Wer wird an die Wand gedrückt, auf wen wird kaum oder gar nicht gehört? Wer wird übersehen? Und jede und jeder mischt bei dieser Konkurrenz auf je eigene Weise mit.

Und eine der entscheidenden Fragen dabei ist: Können wir in unserem Zusammenleben darüber reden oder wird das verheimlicht, verdeckt, tabuisiert?

Es gibt gute Gründe dafür, daß man Konkurrenz nur insgeheim austrägt. Konkurrenz macht Angst. Es gehört für mich viel Mut dazu, offen zu zeigen: Ich will hier die erste Geige spielen, ich will hier im Mittelpunkt stehen. Und es gehört für mich noch mehr Mut dazu, zu merken und auszusprechen, daß ich übersehen und nicht beachtet werde in einer Runde. Ich spüre, wie verletzlich und kränkbar ich bin an diesem Punkt. Konkurrenz macht angst.

Und deshalb finde ich das sehr beachtlich, daß die Jünger damals dies so offen ansprechen: Sag uns, Rabbi, wer ist der Größte im Himmelreich?

»Der Größte im Himmelreich«, sagen sie. Also auch die Jünger sprechen das heikle Thema »Konkurrenz« eher verbrämt an. Sie haben es theologisch verpackt, sprechen vom Himmel statt von der Erde, sprechen vom Jenseits statt vom Hier und Jetzt. Dabei spürt man deutlich, wie es zwischen ihnen vor Spannung knistert und wie jeder für sich um die beste Bewertung bei Jesus feilscht: Rabbi, wer von uns verdient in deinen Augen und nach den neuen Wertmaßstäben, die du setzt, die größte Anerkennung: Ist es Petrus mit seinem Wagemut, Philippus mit seiner Besonnenheit, Johannes mit seiner Weisheit, Judas mit seiner politischen Radikalität oder wer? Ist es Jakobus? Bin ich es, Herr? Sag, Rabbi.

Ich finde: Die Jünger haben Mut, und zwar alle! Denn alle fragen sie so. Einer wie der andere ist hier interessiert, betroffen und beteiligt. Es scheint so, als ob sie allesamt einen Leidensdruck verspürten: Wir halten es miteinander nicht aus, wenn das Thema »Konkurrenz« nicht angesprochen wird. Und offensichtlich sagt keiner in der Gruppe: Mein Thema ist das nicht. Keiner sagt: Die anderen konkurrieren – aber ich nicht. Nein, alle sind offensichtlich beteiligt und betroffen. Das ist ein Gütezeichen für diese Gruppe. Es spricht für die Jünger, daß sie dieses brisante Thema als Thema aller Beteiligten ansprechen.

Und wie reagiert Jesus?

Wir kennen die Antwort. Sie ist längst zum Sprichwort geworden. Also eigentlich nichts Neues. Aber vielleicht doch. Zumindest noch einmal hörenswert. Achten wir zunächst darauf, *wie* Jesus antwortet.

Er antwortet, wie so oft, ohne Worte, sagt zunächst einmal gar nichts, sondern *tut* etwas. Er tut etwas für damalige Begriffe ganz Ungewöhnliches und Fremdes.

Für uns heute mag das nicht mehr so ungewöhnlich und fremd sein, vielleicht. Aber damals war es das: Jesus schaut sich um. Er schaut nicht auf die 12 Männer (um etwa mit einem Blick zu sagen: Petrus ist der Größte oder Thomas ist es), nein, er schaut an seinen Jüngern vorbei, schaut zur anderen Straßenseite, denke ich mir. Dort spielen Kinder. Vielleicht spielen sie soeben: Wer ist der Größte? Wer läuft am schnellsten, wer springt am weitesten?, vielleicht. Und nun ruft Jesus eins der Kleinsten von ihnen (»Paidion« steht im griechischen Text), eins der Kleinsten, das in der Konkurrenz noch gar nicht wirklich mithalten kann. Holt es in die Mitte und (so heißt es in einem anderen Bericht) nimmt es zärtlich in die Arme.

Nun muß man wissen, es gab damals die weitverbreitete Lehrmeinung: Mit kleinen Kindern sich abzugeben, mit ihnen zu reden, die ja noch keinen »Geist« haben, um die Thora zu verstehen, ist völlig unnütz, sinnlos unter erwachsenen Männern. Und das ist nun das Spannende: Jesus holt so ein angeblich nutzloses kleines Wesen, so einen Winzling mitten in die Runde seiner großen Männer. Und ich vermute, es entsteht eine Art Schockpause. Keiner sagt etwas. Aber auf allen Gesichtern ist es zu lesen: Rabbi, was soll das! Was sollen wir mit diesem kleinen, unmündigen Kind, das keinen Satz aus der Thora sagen kann. Was soll so ein Kind uns sagen können?! *Wir* fragen dich (mit dem Blick nach oben) nach dem Größten (im Himmelreich) und *du* zeigst uns (mit dem Blick nach unten) das Kleinste auf der Erde. Was soll das? Pause – immer noch Pause ...

Die zwölf Männer, die soeben noch nach oben geschaut haben: Wer ist der Größte?, sind genötigt, in die entgegengesetzte Richtung zu schauen. Sie sehen das Kind »da unten«. Da muß man sich schon bücken oder hinknien, um sein kleines Gesicht zu sehen, um die kleinen Hände zu betrachten. Unwillkürlich denkt man: So klein, so bedürftig – und so verletzlich. Das muß man doch in Schutz nehmen, so ein kleines Wesen.

Und noch immer sagt niemand etwas in der Runde.

Aber in den Köpfen der zwölf großen Männer dort, so vermute ich, spielt sich ganz viel ab. Da kommt mancher innerlich ins Stottern, da verschieben sich die Maßstäbe, daß man es auf den Gesichtern ablesen kann.

Das Kind dort in der Mitte als Beispiel für die Großen in ihrer Konkurrenz ist anstößiger, als man vermutet, für jeden auf andere Weise:

Es kann sein, daß der eine ärgerlich wird und denkt: Eine Zumutung! Unmöglich! Uns Erwachsenen ein Kind als Beispiel vorzuhalten! Und daß ein anderer hellwach wird und begreift: Ja! Eine Zumutung! Die Zumutung, als Erwachsener noch einmal von vorn anzufangen, umzudenken, sich selbst zu hinterfragen! Nur, wie soll das gehen? Umkehren und sein wie ein Kind? Anstrengend!

Es kann aber auch sein, daß jemand merkt, wie das Kind ihn anrührt, ihn anrührt an einer Stelle, die er vielleicht ganz vergessen hatte, daß man denkt: genau! Das ist es! Das habe ich bei all meinem Groß- und Größerwerden, bei all meiner Kompetenz und Klugheit inzwischen vergessen. Das Kind, das ich selber auch noch bin, habe ich ganz vernachlässigt, meine Kleinheit, meine Verletzlichkeit, meine Schutzbedürftigkeit, besonders dann, wenn es um Konkurrenz geht. *Ich* bin völlig besetzt von der Idee: Groß sein müssen, den anderen übertrumpfen, mich durchsetzen, Ellenbogen gebrauchen! Und nun stellt Jesus mitten in meine Größengedanken dieses Kind vor mich hin, als wollte er fragen: Was machst du eigentlich mit deiner bedürftigen Seite? Hat sie eine Chance bei dir, einen Platz in deinem Leben? Was ist mit deinem Zärtlichkeitsbedürfnis? Was ist mit deinem Kleinheitsgefühl? Bist doch ein Menschen-Kind ... Vielleicht läßt du dich durch dieses Kind bewegen zu spüren, daß du ein Menschenkind bist und bleibst, auch wenn du groß bist, klug, kompetent und erwachsen.

Ich vermute: Mit dem Kind in der Mitte hat sich die Atmosphäre in der Jüngerrunde verändert. Das Konkurrenzthema: Wer ist der Größte? ist keineswegs gelöst oder überwunden. Aber vielleicht merken doch alle, daß eine andere Blickrichtung, eine andere Sichtweise ins Spiel kommt. Es ist so, als ob man bei sich selbst und auch bei den anderen hinter die Größenfassade schaut, sich und die anderen sozusagen »mit dem Herzen« sieht – bei aller Konkurrenz.

Noch einmal: Das Bedürfnis, groß sein zu wollen, ist damit nicht erledigt. Daß ich konkurriere, wird wohl ein Leben lang so sein, das gehört zu mir. Daß ich mitmische bei der Frage: Wer ist hier der Größte? wird auch bleiben. Daß ich daran leide, manchmal regelrecht daran zu zerbrechen drohe und manchmal das Leben verfehle vor lauter Anstrengung und Konkurrenz, das wird wohl auch immer wieder so sein. Ich brauche vertraute Menschen, in deren Mitte ich die eigenen Größenbedürfnisse, aber auch meine Kleinheitsgefühle wahrnehmen und aussprechen kann. Das hilft mir manchmal umzukehren.

Das Kind in uns könnte uns das Himmelreich entdecken helfen. Könnte uns helfen, bei uns selbst und bei anderen auf die bedürftige Seite hinter der Größenfassade zu achten. Dann wird es vielleicht auch möglich, daß wir uns gegenseitig eingestehen, *daß* wir konkurrieren. Es ist sehr schwer, mit Menschen zusammenzuleben, die von sich behaupten: *Ich* konkurriere nicht. Deshalb hat es mancher nötig, umzukehren und sich und anderen einzugestehen: Ja, ich konkurriere, auf meine Weise ähnlich wie du. Eine Umkehr fordert Jesus von den Jüngern nicht im Blick darauf, *daß* sie konkurrieren – sondern *wie* sie konkurrieren.

Das Kind in der Mitte der konkurrierenden Jünger sagt kein Wort. Und es hat uns doch über fast zweitausend Jahre hinweg noch etwas Wichtiges zu sagen – vom Himmelreich, d.h. von einem veränderten Blick für uns selbst und füreinander und von einem veränderten Umgang mit mir selbst und miteinander in der Konkurrenz.

Ein Familienkonflikt

1. Samuel 1, 1–18

Eine Geschichte aus längst vergangener Zeit, über dreitausend Jahre alt, eine Familiengeschichte, eine Männergeschichte und vor allem eine Frauengeschichte.

Zunächst die Familiengeschichte

Da ist ein Familienvater namens Elkana, der wohlhabende Patriarch einer großen Sippe. Er macht jedes Jahr mit seiner Familie eine Art Wallfahrt zum Heiligtum nach Schilo. Er reist dorthin mit der ganzen Familie, um zu opfern nach altem Brauch. Diese Wallfahrt ist zugleich ein großes Familienfest. Jedes Jahr wird diese Wallfahrt mit großen Erwartungen begangen: Kinder, Knechte, Mägde, Frauen – alle leben diesem Fest entgegen. Und wie es bei großen Festen oft ist: Hier kommen die Spannungen der Familie zum Ausbruch!

Elkana hat zwei Frauen: Peninna und Hanna. In der damaligen patriarchalischen Gesellschaft keine Seltenheit. Zwischen diesen beiden Frauen herrscht erbitterte Rivalität. Zu Hause im Gebirge von Ephraim wohnen die beiden in getrennten Zelten. Da können sie sich aus dem Wege gehen. In Schilo stoßen sie jedesmal auf engstem Raum aufs heftigste aufeinander. Und jedesmal ist der Anlaß der gleiche: Wenn der Familienvater beim großen Festmahl nach alter Sitte das Opferfleisch austeilt. Der einen seiner beiden Frauen, Peninna, muß er sehr viel geben, denn sie hat viele Kinder, vor allem Söhne! Der anderen Frau, Hanna, dürfte er eigentlich nur ein Stück geben, denn sie hat keine Kinder und kann nur für sich selbst einen Anteil beanspruchen. Aber sie ist *die* Frau, die er besonders liebt. Und das macht er jedesmal vor aller Augen deutlich. Er gibt ihr zwei Anteile. Das ist nicht viel, aber es ist ein Zeichen, das alle wahrnehmen können. Er bekennt öffentlich seine Liebe zu Hanna – und kränkt damit Peninna. Und so ist jedesmal dieses Austeilen der Anteile Auslöser für Streit und Feindseligkeiten zwischen den beiden Frauen.

Die eine hat (wie gesagt) viele Kinder, die andere keins. Peninna, die kinderreiche, gilt als erfolgreich und sozial anerkannt. Denn sie tut das in der damaligen Gesellschaft Entscheidende für den Wohlstand der Familie, für die Existenzsicherung, für den Fortbestand. Heute wäre sie die Karrierefrau. Die andere, Hanna, sieht sich in ihrer traditionellen Frauenrolle als Versagerin. Weil sie keine Kinder hat, hat sie nichts, tut sie nichts, ist sie nutzlos. Kinderlosigkeit – damals ein sozialer Makel, für Hanna zugleich ein persönlicher Schmerz.

Keine der beiden Frauen ist um ihre Rolle zu beneiden. Die Karrierefrau, die erfolgreiche, ist hier die nicht geliebte. Das ist ihre Tragik. Und die geliebte ist hier die erfolglose. Das ist ihre Tragik. Persönlichen Schmerz und Zerrissenheit empfinden beide Frauen, je auf ihre Art. Hanna ist verletzt und voller Trauer. Peninna ist verletzt und voller Gift – verständlich! Denn jedesmal, wenn sie miterleben muß, wie ihr Mann Elkana mit sichtlichem Widerwillen ihr das Viele zuschiebt, wird sie geehrt und zugleich gedemütigt. Und so beginnt sie regelmäßig auf dem Höhepunkt des Festes ihre Rivalin Hanna zu kränken und vor den Augen und Ohren der Sippe öffentlich zu erniedrigen. Sie hat dabei die besseren Waffen. Sie hat alle Beweise ihres Erfolges um sich: Ihre Söhne vor allem, die Garanten ihres Reichtums, ihrer hohen sozialen Stellung und ihrer Zukunft.

Hanna, die kinderlose und erfolglose, hat dem wenig entgegenzusetzen. Sie ist der genüßlichen, boshaften Verachtung des Peninna-Clans öffentlich ausgesetzt. Und die Abwertung steckt in ihr selbst. Sie könnte sich sagen: Ich bin die geliebte, die erste Dame des Patriarchen. Das ist das Höchste! Aber nein, sie ist eine Frau ihrer Zeit. Und auch für sie selbst ist es so, daß das höchste Ziel ihres Lebens heißt, Kinder zu haben. Ich bin als Frau vor mir selbst erst anerkannt, wenn ich ein Kind hätte, einen Sohn – deshalb trifft jede verächtliche Bemerkung sie in ihrem Selbstwertgefühl als Frau. Und so kommt es, daß jedesmal auf dem Höhepunkt dieses Festes Hanna dasitzt und weint und verstummt und sich weigert zu essen.

Hungern als letzte Waffe der Gekränkten und Ohnmächtigen.

Die Rolle des Mannes in dem Konflikt

Elkana, der Familienvater und Mann dieser beiden Frauen, ist nicht taub und nicht blind. Elkana sieht das alles. Aber er steckt in einem Dilemma. Er kann sich nicht offen auf die Seite seiner geliebten Hanna und nicht offen gegen Peninna stellen, denn ihr verdankt er den Kindersegen und die Sicherung der Familienzukunft.

Also, da sitzt nun seine geliebte Hanna auf dem Höhepunkt des Festes, gedemütigt und weint. Und Elkana sagt den klassisch gewordenen Satz: Hanna, sagt er, warum weinst du? Warum ißt du nichts? Und warum ist dein Herz so traurig? *Bin ich dir nicht mehr wert als zehn Söhne?*

Ach, möchte man sagen, Elkana, deine Worte sind wunderbar. Sie gehen uns heute noch zu Herzen. Sie zeigen uns eine Liebe, die man einem alten Patriarchen wie dir gar nicht zugetraut hätte. Du bist (zu unserer Überraschung) ein Mann, für den es nichts Wichtigeres in seinem Leben zu geben scheint, als diese Frau zu lieben. Und ich glaube dir deine Liebe. Du kommst mir nicht vor wie viele Männer, die meinen: Alles kleine Frauenleid ließe sich mit männlicher Zärtlichkeit beschwichtigen oder beseitigen: Eine Umarmung, ein Liebesgeständnis – und dann ist alles wieder gut! Nein, du bist für mich einer der ganz wenigen in der Männergesellschaft, die zu solch einer Liebe überhaupt fähig sind. Gäbe es mehr Männer wie dich, die so von ihren Gefühlen sprechen könnten, – die männergeprägte Weltgeschichte wäre vielleicht anders verlaufen.

Wer weiß! Denn gleichzeitig bist du mit deiner Liebe auch eine hilflose, tragische Figur. Da stehst du zwischen deinen beiden

Frauen und treibst den Konflikt selbst auf die Spitze! Du bist der Mitverursacher des Konflikts und willst nun gleichzeitig den Tröster spielen! Du wirfst dich dabei selbst in die Waagschale: Bin *ich* dir nicht mehr wert als zehn Söhne! und erreichst doch das Herz deiner Hanna nicht. Sie reagiert gar nicht. So tief ist ihr Kummer! Dein Liebesgeständnis offenbart dein tiefstes Gefühl – und zugleich deine unüberwindliche Grenze. Du zeigst hier die Liebe, zu der du als Mann deiner Zeit in deinen Grenzen fähig ist: Bin *ich* dir nicht mehr wert als *zehn Söhne,* sagst du! Der Mann, die Söhne – das Maß aller Dinge! Der Mann, die Söhne bleiben das Maß. Und die Frau, selbst die geliebteste, bleibt abhängig vom Mann und den Söhnen. Das ist die tiefe Not deiner Hanna. Und das ist die Tragik deiner Liebe: Diese Not kann sie nicht überwinden!

Du, Elkana, hast Söhne, hast Grundrechte als Mann, kannst dir zwei Frauen leisten, eine für den Nachwuchs und eine für die Liebe, bist anerkannt als Oberhaupt deiner blühenden großen Sippe. Und Hanna – wer ist sie? Als Kinderlose, Erfolglose, ständig Gekränkte? Ihre Not liegt darin, *Frau* sein zu müssen in einer Gesellschaft, in der das Männliche das Maß aller Dinge ist, in der eine Frau nur etwas gilt, wenn sie *Söhne* vorweisen kann.

Elkana, wenn du gesagt hättest: Hanna, ich sehe, meine Liebe kann dein Unglück nicht aufwiegen. Ich bin mit dir verzweifelt, und ich weiß keine Lösung. – Hättest du so etwas Ähnliches doch gesagt. Stattdessen bist du so hilflos und ungeschickt, wie man es von sich selbst kennt: Man will trösten und vertröstet doch nur! Man gibt all seine Liebe und begreift nicht, daß selbst die Liebe den Kummer nicht aufwiegen und erst recht nicht beseitigen kann. Das ist eine Tragik für dich und für alle Beteiligten. Wie soll es da eine Lösung geben, einen Weg?

*Der Alleingang einer gedemütigten Frau**

Wir haben bisher wie auf einer Bühne einen tragischen Familienkonflikt miterlebt, den vor allem zwei Frauen miteinander auszutragen haben. Wie auf einer Bühne verändert sich jetzt die Szene, und der Lichtkegel beleuchtet nur noch eine Person, und zwar die Person, die am tiefsten betroffen ist, und die nun mit dem Mut der Verzweiflung einen Ausweg sucht.

Hanna entschließt sich zu einem Alleingang. Solange die Familie mit Essen und Trinken beschäftigt war, hat sie dort ausgehalten. Jetzt steht sie auf, geht hinaus aus dem, was sie erdrückt, schafft Distanz zwischen sich und ihrer Rivalin Peninna, aber auch Distanz zwischen sich und ihrem hilflosen Mann Elkana. Sie geht in dem Tempel, um ganz allein zu sein mit sich und mit Gott.

Das Besondere an ihrem Alleingang sind drei Dinge.

Zunächst: Sie tut etwas Grundlegendes *ohne* ihren Mann. Sie legt ein Gelübde ab, ohne ihren Mann zu fragen: Gott Israels, betet sie, wenn du das Elend deiner Magd ansiehst und an mich denkst und mir einen Sohn schenkst, so will ich sein Leben dir weihen. Mit diesem Gelübde tut diese Frau für ihre damaligen Verhältnisse einen ungeheuren Schritt in die Selbständigkeit. Sie tritt heraus aus der Abhängigkeit von Mann und Familie. Denn nach israelitischem Gesetz sollte eine verheiratete Frau ihren Mann um die Einwilligung gefragt haben, wenn sie ein solches – die Interessen der Familie betreffendes – Gelübde ablegt. Denn der Mann hat das Recht, gegen ein Gelübde seiner Frau noch am selben Tag Einspruch zu erheben. Anderenfalls bleibt das Gelübde gültig. Von einer Mitteilung an ihren Mann Elkana wird aber nichts berichtet. M. a. W.: Hanna handelt ganz auf sich gestellt. Damit hat sie nicht nur die gute Sitte verlassen, sondern sie hat ihren Status als dem Mann untergeordnete Ehefrau hinter sich gelassen. Das ist der eigentliche Schritt dieser Frau aus ihren

* Wichtige Anregungen verdanke ich Elisabeth Moltmann-Wendels Ausführungen in: Wenn Gott und Körper sich begegnen.

traditionellen Fesseln heraus! Das ist der Schritt über die Grenze der ihr zugewiesenen Rolle.

Und ich denke, die meisten Konflikte solcher Art sind oft nur so zu lösen, daß jemand die bisherige Rolle verläßt – die Rolle in der Familie, aber auch die Rolle in anderen Systemen, in denen man bevormundet wird.

Ein zweites ist ungewöhnlich am Verhalten der Hanna. Sie stellt sich in Gegensatz zu ihrer religiösen Tradition. Es ist religiöse Tradition, daß Frauen nichts für sich fordern, sondern im Dienst der Sippe, im Dienst für andere handeln.

Wir kennen im Alten Testament eine Reihe von Frauen, die auch kinderlos waren wie Hanna: Sara, Rebekka, Rahel – die berühmten Urmütter der israelitischen Geschichte. Sie alle waren davon betroffen, aber anders. Bei ihnen sind es die Ehemänner, die sogenannten Erzväter, die dann mit Gott hadern und verhandeln und um den Nachwuchs ringen. Im Falle der Hanna ist es die Frau selbst, die das in die Hand nimmt, allein und ohne männliche Unterstützung. Sie ist eine Einzelkämpferin. Schon das macht ihre Besonderheit aus.

Aber noch mehr. Auf den Erzvätern und Erzmüttern lastete ein religiöser Druck. Sie standen ganz im Dienst des religiösen Auftrags: Ihr sollt ein Volk werden, und zwar Gottes Volk! Dazu mußten Nachkommen geboren werden. Diesem Auftrag dienten diese Frauen, die weiblichen Leitbilder Israels!

Hanna verläßt dieses Frauenleitbild. Und sie nimmt Gott in Anspruch, um sich gegen dieses Leitbild zu wehren. Ihr geht es nicht ums Dienen. Ihr geht es ausschließlich um sich selbst. Sie kämpft nicht für den Fortbestand einer religiösen Verheißungsgeschichte. Was sie hier tut, tut sie nur für sich, für ihre Person. Der Sohn, um den sie Gott bittet, ist wichtig nur für ihre eigene Lebenserfüllung, für ihre eigene gesellschaftliche Anerkennung! Diese Frau fängt an, etwas für sich zu fordern, sie stellt Ansprüche. Und sie nimmt Gott dafür in Anspruch. Das ist neu. Das ist fast revolutionär. Sie macht Schluß damit, duldend ihr Schicksal zu ertragen und Opfer zu sein.

Schließlich der dritte mutige Schritt dieser Frau: Dieser Gott, den sie da herausfordert, hat ja nun auch sein Bodenpersonal.

Hier ist es der alte Priester Eli. Er ist es, der den Auftritt der Hanna im Tempel aus der Nähe miterlebt, und der sie kritisch beobachtet. Ihm kommt das Verhalten dieser Frau sonderbar vor, ja anstößig. Sie kommt allein daher, spricht ihre Gebete nicht laut, wie üblich, sondern bewegt nur die Lippen, so als spräche sie nur mit sich selbst statt mit Gott – wer weiß – und tut dies lange und unter Tränen und hört nicht auf damit und steigert sich so ganz und gar da hinein – wie in einen Rausch. Jedenfalls benimmt sie sich nicht wie man oder frau sich sonst im Tempel zu benehmen hat. Das ist anstößig.

Der alte Priester hält sie für betrunken und herrscht sie an: Wie gebärdest du dich hier! Mach, daß du deinen Rausch los wirst! Aber diese Frau hat Würde. Sie hat ihre Würde wiedergewonnen! Sie erklärt dem irritierten Priester die Beweggründe ihres Verhaltens: Ich habe Gott mein Herz ausgeschüttet. Aus Kummer und Leid habe ich solange geredet. – Mehr verrät sie ihm nicht. Sie sagt ihm nicht, *was* sie Gott gesagt hat. Nichts von ihrem Gelübde! Ihr Geheimnis gibt sie nicht preis. Das geht weder den Priester etwas an noch ihren Mann! Und der Priester Eli wiederum, sonst eher eine komische Figur, gewinnt beim Anblick von so viel Würde dieser Frau selbst Würde und sagt, ohne zu wissen, um was diese Frau gebeten hat: Der Gott Israels wird dir gewähren, was du von ihm erbeten hast.

Hanna kämpft mit Gott und den Menschen im Alleingang um ihr Menschenrecht. Sie ist einen langen Weg durch Leiden, Depression, Verachtung, Unsicherheit und Verzweiflung gegangen. Jetzt hat sie Schluß damit gemacht, sich klagend in ihr Schicksal zu ergeben und stellt Forderungen an ihr Leben und nimmt Gott dafür in Anspruch.

Für viele Elkanas, Peninnas, frühere Hannas, auch für viele Priester Elis mag dieser kämpferische Alleingang unverständlich sein, viele Elkanas, sprich: Ehemänner oder Partner, möchten lieber eine Frau, die nicht so zäh ist und an ihrem Traum festhält, sondern die sich leicht trösten und beschwichtigen läßt. Manche Peninnas verstehen den Aufwand nicht, der da betrieben wird, weil sie selber erfolgreich sind und an der Oberfläche des Lebens bleiben. Manche früheren Hannas haben Angst vor soviel Mut in der Angst und vor soviel persönlichem Einsatz für sich selbst, weil sie sich selbst nur noch die Opferrolle, nur noch Ergebenheit ins Schicksal zutrauen. Manche Priester Elis sind immer noch entsetzt über soviel Alleingang von Frauen, über soviel Trunkenheit, wie sie denken. Aber einige Elis, einige Priester haben gelernt, ihre Ohren zu öffnen, zuzuhören und selbst umzudenken, und bekommen Ehrfurcht vor dem Weg, den manche Frauen mit sich, mit der Umgebung und mit Gott gehen.

Neue Wege! Da wird das traditionelle Frauenbild angetastet, auch das traditionelle Männerbild und das traditionelle Gottesbild. Nicht mehr: Ja und Amen! zu allem, sondern Nein und Amen! heißt es nun – dank dieser mutigen Frau Hanna vor dreitausend Jahren.

Das Licht in der Finsternis

Johannes 1,5

Das Licht scheint in der Finsternis.

Ich sehe mich als Schüler der Obertertia in unserem Zeichensaal sitzen. Adventszeit. Unser Zeichenlehrer hat uns das Thema gestellt: Malt die Weihnachtsgeschichte! Er hatte uns gut eingestimmt. Und so fangen wir sofort an zu malen: Maria und Josef und das Kind in der Krippe und die Engel und die Hirten und die Weisen. Nur mein Nachbar neben mir malt lange gar nichts. Während ich schon die Krippe, das Kind und Maria und Josef in bunten Farben fast fertig gemalt hatte, sitzt er immer noch da vor seinem leeren Blatt. Und da sehe ich, wie er schließlich einen breiten Tuschepinsel nimmt und das ganze Blatt tiefschwarz malt, bis auf einen hellen Fleck in der Mitte und einige weiße Streifen, die von der Mitte aus strahlenförmig über das Blatt gehen. Und diesen hellen Fleck und die weißen strahlenförmigen Streifen malt er anschließend mit einem warmen leuchtenden Gelb-Orange aus. Und ich begreife sofort: Das ist seine Weihnachtsgeschichte. »Licht in der Finsternis« – es hat mich sehr beeindruckt. Ich habe es bis heute nicht vergessen.

Der Evangelist Johannes macht das ganz ähnlich wie mein Mitschüler damals. Er erzählt keine ausführliche Geschichte von der Geburt Jesu und den Hirten und den Engeln. Nein, er braucht nur sechs Worte, um seine Weihnachtsbotschaft zu sagen: Das Licht scheint in der Finsternis.

Mit diesen wenigen Worten malt er sozusagen ein ganz einfaches Bild: Finsternis, Dunkel – und mitten darin: Licht! Und man begreift sofort, was er damit meint: Licht im Dunkel – das ist Weihnachten, das ist die Geburt Gottes in dieser Welt. Ein Kind ist geboren, und es heißt: In ihm sei Gott selbst zur Welt gekommen. Gott selbst als Mensch für uns dort geboren, wo die Welt am dunkelsten ist, damit wir dort, wo es am dunkelsten ist, erfahren: Gott ist mit uns!

Das feiern wir zu Weihnachten. Deshalb ist Weihnachten das Fest der vielen Lichtsymbole, die letztlich allesamt eins sagen: Mit der Geburt Jesu sei etwas Einmaliges geschehen in dieser Welt. Etwas, was man eigentlich gar nicht in Worte fassen kann, was man nur in Bildern annähernd umschreiben kann. Und eins dieser Bilder ist dieser kurze Satz aus dem Johannes-Evangelium: Das Licht scheint in der Finsternis.

Ich möchte von einem Film erzählen, von dem Film »Das Krippenspiel«.

Da führen gehörlose Kinder in einem Krippenspiel die Geschichte der Geburt Jesu auf. Das einzige Licht in diesem Film geht von der Krippe aus. Es ist ein Stummfilm besonderer Art. Es wird nicht ein einziges Wort gesprochen. Gehörlose Menschen, gehörlose Kinder, die selbst nie einen Ton gehört, nie einen Ton gesungen haben, verkündigen die Weihnachtsbotschaft mit ihren stummen ernsten Gesichtern, mit ihrem ungeheuer ausdrucksvollen Gebärdenspiel, mit ihren Mienen und Bewegungen. Ohne Worte drücken sie Erstaunen und Entsetzen aus, Furcht und Neugier, Anbetung und Versunkenheit. Immer wieder treten diese Kinder aus dem dunklen Hintergrund in das Licht der Krippe. Und immer wieder sind diese stummen Gesichter und Gestalten angestrahlt vom Licht aus der Krippe.

Was mich an diesem Film am meisten bewegt, ist das Schicksal der Kinder. Sie sind dazu verurteilt, ihr Leben lang in einer tonlosen, gehörlosen und überwiegend sprachlosen »Dunkelheit« zu leben. Man hat den Eindruck, daß sie in diesem Krippenspiel *sich selber* spielen: Gehörlose Menschen. Aber eben Menschen, die in das Licht treten, das von der Krippe ausstrahlt.

Hat sich damit etwas für sie geändert? Sind sie nun nicht mehr gehörlos? – Doch, gehörlos wie vorher. Ihre Gesichter bleiben ernst und stumm wie vorher. Ihr Schicksal bleibt ihnen. Und dennoch scheint sich etwas zu verändern, wenn sie da an der Krippe stehen, wenn sie dieses Licht der Krippe in sich aufnehmen mit weit aufgerissenen Augen. Es spricht aus ihrem Gesichtsausdruck so etwas wie: Das will ich nun nie mehr vergessen, dieses Licht der Krippe! Dieses Kind, das mir sagt: Ich bin für dich geboren! Gott ist mit dir, Gott ist mit euch, so wahr ich geboren bin!

Am Ende tasten sich die gehörlosen Kinder in ihren dunklen Hintergrund zurück. Sie gehen gemeinsam, zu zweit, zu dritt. Und mit ihnen tastet sich das Licht der Krippe in ihren dunklen Hintergrund hinein. Eine Spur dieses Lichtes geht mit.

Ich wünschte mir, so wäre das auch für uns: Daß das mit uns geht, was wir heute feiern, eine Spur von diesem Fest, eine Spur von diesem Licht – daß das mit uns geht in die nächsten Tage.

Und nun noch etwas zum Schluß. In jedem Jahr versuche ich in dem, was ich während der Adventszeit erlebe, meine ganz spezielle Weihnachtsgeschichte zu entdecken. Manchmal gelingt es mir. Manchmal gelingt es auch nicht. In diesem Jahr habe ich »meine Weihnachtsgeschichte« hier in der Klinik erlebt. Und sie hat etwas zu tun mit dem Licht in der Finsternis:

Ich treffe am Anfang der Adventszeit auf einer der Stationen einen Mann, den ich kenne. Er sitzt da mit ganz ausdruckslosem Gesicht. Ich will eigentlich vorbeigehen und sage im Vorbeigehen: Na Herr B., wie sieht es aus? Da sagt er mit tonloser Stimme nur ein Wort: finster – mehr sagt er nicht. Er will auch nicht mehr sagen. Ich habe mich dann zu ihm gesetzt und eine Weile schweigend neben ihm gesessen. Und als ich gehen will, hält er mich am Arm fest und sagt: Es sieht wirklich finster aus. Und da bin ich noch eine ganze Weile bei ihm geblieben. Und habe versucht, etwas von seiner Bedrückung mit ihm auszuhalten und schließlich hat er angefangen, ein wenig zu reden. Ich war erschrocken, daß dieser Mann, den ich sonst in ganz anderen Lebensstimmungen kannte, so etwas von sich sagen mußte, so etwas Aussichtsloses!

Als ich ein paar Tage später wieder auf die Station komme, ist er nicht da. Ich frage eine Mitarbeiterin nach seinem Befinden und die sagt: Ach, es geht ihm besser. Er wirkt »aufgehellter«. (Es hat mich sonderbar angerührt, daß sie dieses Wort gebrauchte: aufgehellter – ich mußte sofort an sein erstes tonlos hervorgebrachtes Wort denken: finster.)

Also: Er wirkt »aufgehellter«, sagt die Mitarbeiterin. Und als ich ihn dann selber traf, konnte ich das an seinem Gesicht sehen, an seinem Blick, an seinem Gang – er wirkte tatsächlich »aufgehellt«. Und dann hat er wieder von sich erzählt. Und diesmal war bei allem Bedrückenden eine Spur Hoffnung zu bemerken, eine Spur mehr Interesse am Leben.

Das also war meine Advents- und Weihnachtsgeschichte in diesem Jahr, die Geschichte von einer Spur Licht in der Finsternis.

Der Traum »königlicher Menschen«

Matthäus 2,1–12

In Autun, einem kleinen Ort in Frankreich, gibt es eine alte romanische Kirche aus dem 12. Jahrhundert. Auf dem Kapitell, dem oberen Teil einer Säule, ist ein Bild von den Drei Königen aus dem Morgenland in Stein gehauen.

Man erkennt auf diesem Bild drei Männergesichter mit den Kronen auf einem bestickten Kissen liegend. Über die drei Männer ausgebreitet eine Decke mit einer kostbar gestalteten Borde. Die drei Könige in einem gemeinsamen Bett. Dann ein Engel, dessen eine Hand die Hand eines der Könige berührt, und dessen andere Hand auf den Stern zeigt. Zwei der Könige haben die Augen geschlossen. Sie schlafen noch. Einer hat die Augen geöffnet, und zwar der, den der Engel gerade berührt.

Für mich zweifellos das ungewöhnlichste Bild von den Drei Königen bzw. Drei Wesen aus dem Morgenland, das ich kenne*.

Ich habe diese Szene sonst noch nirgendwo abgebildet gesehen. Und sie hat denn auch gleich meine Phantasie angespornt.

Bekannt und berühmt sind ja vor allem drei andere Szenen aus der Geschichte von den Weisen.

Die bekannteste ist sicherlich wohl die, die uns zeigt, wie die Drei Weisen vor dem Kind knien und ihm ihre königlichen Geschenke bringen: Gold, Weihrauch und Myrrhe. Man sieht auf allen diesen Darstellungen sehr deutlich, wie unterschiedlich diese drei Männer sind. Jeder von ihnen verkörpert schon durch Aussehen und Kleidung eine ganz andere Kultur, ein anderes Volk. Aber das Bewegendste an all diesen Darstellungen ist meist zu sehen, wie diese weisen und weitgereisten Männer sich

* Bild und Anregung für diese Predigt verdanke ich meinem Kollegen Martin Hurras aus Gelsenkirchen.

vor dem schutzbedürftigen machtlosen Kind beugen: Die Größe Gottes finden sie in dem kleinen Kind. Die Macht Gottes in dem ohnmächtigen Säugling. – Weise Machthaber dieser Erde verbeugen sich vor einem machtlosen Kind, geben ihre Macht ab. Diese Szene zeigt einen der Augenblicke der Menschheitsgeschichte, wo man den Atem anhält, weil man spürt: Dies ist die Vision einer menschenwürdigen Welt!

Also das ist sicherlich die berühmteste Szene aus der Geschichte von den Weisen aus dem Morgenland, tausendfach gemalt seit Jahrhunderten. Das zweite, ebenfalls sehr bekannte Motiv ist die Reiseszene: Man sieht die Drei Weisen, wie sie hintereinander her, dem Stern folgend, unterwegs sind, zu Fuß oder auf Kamelen reitend. Man sieht, daß sie von weither kommen, daß sie suchen, sich auch irren in ihrem Suchen, aber daß sie unbeirrbar ihrem Stern folgen. Drei völlig unterschiedliche Menschen aus unterschiedlichen Völkern, einer für den anderen ein Ausländer – heute würden wir vielleicht sagen: Ein Sinti, ein Türke und ein Deutscher, die sich gemeinsam auf den Weg gemacht haben, weil sie eine gemeinsame Vision vom Leben haben und von einer menschenwürdigen Welt.

Und die dritte Szene, die häufig dargestellt wird, zeigt die Drei Weisen im Königspalast des Herodes in Jerusalem. Sie fragen dort: Wo ist der neugeborene König der Juden? Wir haben seinen Stern im Morgenland gesehen. Und man sieht auf all den Darstellungen dieser Szene: Wie sie mit dieser einfachen Frage den Machthaber Herodes in Angst und Schrecken versetzen. Herodes, der nur ein Ziel kennt: Macht und Machterhalt! Und für dieses Ziel schreckt er auch vor Mord und Morddrohungen nicht zurück. Überall lauern seine Spitzel. Überall ist seine Polizei. Allgegenwärtig seine Soldaten. Auf diesem dritten Bild, das wir kennen, sieht man jedesmal, wie der König sofort seine Fachleute herbeizitiert. Die müssen forschen. Die schlagen alte Schriften auf und finden die Stelle beim Propheten Micha. Da heißt es: Der Messias Israels, der Befreier, wird in Bethlehem geboren.

Und manchmal ist auf diesem dritten Bild noch eine Nebenszene abgebildet: Da sieht man, wie der König sich heimlich mit den fremden Sterndeutern bespricht. Herodes ist listig, wie alle Machtmenschen, er tut freundlich. Er sagt den Weisen: Geht hin und sucht nach dem Kind. Und wenn ihr es gefunden habt, kommt zurück und berichtet mir, damit auch ich hingehe und es anbete. – In Wirklichkeit will er den Aufenthaltsort des Kindes erfahren, um es umzubringen.

Und dieses geplante Verbrechen wird verhindert! Denn nachdem die Weisen voller Freude das Kind gefunden haben, nachdem sie ihm gehuldigt und ihre Geschenke gegeben haben, haben sie in der Nacht einen Traum. Ein Engel Gottes erscheint ihnen und sagt: Kehrt nicht zu Herodes zurück, sondern wählt einen anderen Weg in eure Heimat. Und diese Szene mit dem Traum ist auf unserem ungewöhnlichen Bild dargestellt. Entsprechend hat es den Titel: »Der Traum der Könige«.

Dieses in Stein gehauene Bild also zeigt den Augenblick, als die Könige begreifen: Auf keinen Fall dürfen wir zu dem Machtmenschen Herodes zurück. Das wäre der sichere Tod für das Kind. Im Traum erfahren sie: Ihr müßt einen anderen Weg gehen als Herodes euch geraten und vorgeschrieben hat. Eine wegweisende Erkenntnis, die da im Traum zu ihnen kommt.

Jede und jeder von uns träumt nachts während des Schlafs. Manchmal tragen wir die Bilder eines Traums auch noch tagsüber mit uns. Nicht, daß wir immer alle Träume verstehen könnten (viele bleiben uns verborgen, manche bedrücken uns auch). Aber manchmal – manchmal ist es so, als bekämen wir im Traum einen Fingerzeig, einen Hinweis. Dann geht uns ein »Stern« auf, und wir wissen klarer, in welche Richtung wir nun den nächsten Schritt gehen werden, auch wenn das vielleicht nicht der bequemere Weg ist. Ja, oft zeigt uns der Traum gerade den Weg, den wir am liebsten vermeiden wollten, weil er uns so schwierig erscheint und weil er den Weg der größeren Verantwortung ist. Und so war es auch bei den Weisen. Der Traum zeigt ihnen den Weg der größeren Verantwortung, in diesem Falle der Verantwortung für das schutzbedürftige Leben.

Jeder und jede von uns träumt seine bzw. ihre speziellen, persönlichen Träume. Jede und jeder von uns hat auch den eigenen Traum von dem, was lebenswert ist. Diese Träume können sehr unterschiedlich sein. Aber manchmal, wenn wir uns unsere Träume erzählen, auch die Träume vom Leben oder unsere Träume von einer Welt, wie wir sie gern gestalten würden, dann kann es geschehen, daß wir ähnliches träumen.

Ob die Drei Weisen damals wohl ähnliches oder gar das gleiche geträumt haben?

In einem Gedicht heißt es: Wenn einer allein träumt, ist es nur ein Traum. Wenn viele gemeinsam träumen, ist es der Beginn einer neuen Wirklichkeit!

Wir haben es erlebt, wie das ist, wenn viele Menschen den gleichen Traum haben: Vorweg in der Sowjetunion, in Polen, Ungarn, der DDR und in der Tschechoslowakei. Wir haben miterlebt, wie das ist, wenn nicht nur drei, sondern tausend, ja Hunderttausende Menschen den gleichen Traum haben. Das war der Anfang einer neuen Wirklichkeit. Und auch dieser Traum der Hunderttausende hat den Menschen nicht den bequemeren, den einfacheren Weg gezeigt, sondern einen Weg, der sehr viel Mut kostet, auf dem sehr viel Angst überwunden werden muß, den riskanten Weg der größeren Verantwortung. Aber jede und jeder von uns hat es miterleben können, wie das war und wie das nun ist: Mit einem Mal hatten die Machtmenschen keine Macht mehr. Soldaten weigerten sich, aufs eigene Volk zu schießen. Polizisten versöhnten sich mit denen, die sie zuvor feindselig bewacht hatten.

Wenn einer allein träumt, ist es nur ein Traum. Wenn viele gemeinsam träumen, ist es der Beginn einer neuen Wirklichkeit.

Ob die Drei Weisen, ob die Drei Könige damals das gleiche geträumt haben? – Ich vermute es. Und zwar deshalb, weil sie gemeinsam die gleiche Entscheidung treffen. Sie haben gemeinsam geträumt, daß sie das schutzlose Kind vor dem Mordkönig Herodes schützen müssen. Und sie haben gemeinsam geträumt, wie sie diesen arglistigen Machtmenschen überlisten könnten, und zwar mit ihren friedlichen Mitteln. Sie haben gemeinsam entschieden, daß sie auf die werbewirksame Fassade des Herodes, auf seine vorgetäuschte Kinderfreundlichkeit nicht hereinfallen wollen. Sie haben im Traum durchschaut, wie Herodes seine Macht gegen das Volk mißbraucht, und sie haben sich gemeinsam entschieden, auf seine Kommandos nicht mehr zu hören. Und sie haben gemeinsam entschieden, daß sie einen anderen Weg wählen als den Weg zurück zum Machtmenschen Herodes. – Das ist der Traum der Könige, der gemeinsame Traum königlicher Menschen von einer menschenwürdigeren Welt. Diesen Traum können sie träumen, nachdem sie das Kind gefunden hatten. In ihm hat die Macht Gottes ein menschliches Gesicht angenommen. Und das hat sie überzeugt. Von dieser Menschlichkeit Gottes angerührt, wählen sie einen neuen Weg.

Genau in der Mitte unseres Bildes gibt es eine Stelle, die mich besonders anspricht. Man sieht hier den langen, ausgestreckten Finger des Engels, der die Hand des schlafenden Königs – eben nur *berührt*, unendlich zart berührt. – Ganz behutsam, so wie Eltern nachts nach ihren schlafenden Kindern schauen und sie kurz streicheln, ohne sie aufzuwecken. Wenn jemand uns so berührt, dann nehmen wir das gern an. Dann haben wir keine Angst, dann lassen wir uns auch überzeugen.

Das ist anders, als wenn Herodes die Weisen losschickt mit dem Befehl und der versteckten Drohung. Wenn jemand uns so begegnet wie der Engel, dann lassen wir uns auch berühren. Dann verändern sich auch unsere Träume, dann können wir mit weniger Angst etwas *Neues* sehen.

Der eine König, der angerührt wird, hat schon die Augen geöffnet. Er sieht etwas. Er sieht das, worauf es ankommt in einer menschenwürdigen Welt: Nämlich das Kleine, das Hilflose zu schützen, das bedrohte Kind, den bedürftigen Menschen, die verletzliche Kreatur, die Pflanzen und alles, was lebt. Wenn uns dafür die Augen aufgehen, kann Herodes und seinesgleichen nicht mehr eine solche Macht über uns haben.

Und das ist es, was ich Ihnen und mir wünsche: Einen Menschen, einen Engel, der uns so behutsam anrührt und die Augen öffnet, daß wir den »Stern« sehen. Und daß wir Mut bekommen, einen anderen Weg zu gehen.

Nachwort

Seit fünfzehn Jahren begleite ich als Seelsorger Menschen mit schwerer psychischer Erkrankung. Seit vier Jahren bin ich schwerpunktmäßig Seelsorger in der Psychiatrie. Gesprächsgruppen und Einzelgespräche, Nachbetreuung von ehemaligen PatientInnen, Gespräche mit Angehörigen, dazu Andachten und Gottesdienste sind wichtige Bestandteile meiner Arbeit.

Am Anfang meiner klinischen Tätigkeit habe ich mich gefürchtet vor der Fremdartigkeit einer »Psychose«. Nach und nach, indem ich die Menschen kennenlernte, die an Psychosen erkrankt waren, verlor das »Psychotische« seine ängstigende Gewalt. Ich begann zu begreifen, daß »Psychosen« und bestimmte »psychotische« Verhaltensweisen ihre Geschichte haben, ja, daß »Psychosen« bei aller Rätselhaftigkeit *Lösungsversuche* im Umgang mit überflutenden Ängsten, mit schweren Lebenskrisen und Belastungssituationen sind oder doch sein können.

Seit Jahrhunderten gibt es eine Wand zwischen den sogenannten psychisch Gesunden und den Menschen, die psychisch erkrankt sind, eine Wand auf seiten der »Gesunden« aufgebaut aus Abwehr, Ausgrenzung, Nichtverstehen, Bevormundung und nicht eingestandenen Ängsten, und auf seiten der Betroffenen aufgebaut aus Ängsten, aus der Not, sich nicht verständlich machen zu können, sich nicht steuern und kontrollieren zu können, sich ausgegrenzt zu fühlen.

Als Seelsorger gehöre ich vordergründig auf die Seite der sogenannten »Gesunden«. Aber ich kenne auch die Brüchigkeit des eigenen Lebens. Und dieses Kennen gibt mir eine Ahnung davon, was es bedeuten muß, wenn psychische Krankheit das Leben belastet. Ohne diese Ahnung gäbe es in der Seelsorge mit psychisch erkrankten Menschen kein Verstehen.

Eigene psychische Krisen haben mir zweierlei gezeigt: zum

einen, wie sehr ich Menschen mit depressiver oder manischer oder auch schizophrener »Symptomatik« ähnlich bin und zum anderen, wie sehr ich mich doch gleichzeitig in Erleben und Bewältigungsweise von ihnen auch unterscheide. *Meine* Krisenerfahrung und ihre Bewältigung oder Nichtbewältigung ist das eine – *Psychoseerfahrung* und ihre Bewältigung oder Nichtbewältigung ist in Schwere und existentieller Bedrängnis noch einmal etwas ganz anderes. Hier gibt es bei allem Bemühen um Verstehen auf meiner Seite eine deutliche Grenze des Einfühlbaren. Diese Grenze zu akzeptieren, gehört für mich wesentlich mit zum Verstehen.

Inzwischen haben mir viele Menschen mit Psychoseerfahrung ihr Erleben in der Psychose erzählt und verständlich zu machen versucht. Dies hat trotz bestehender Grenze sehr viel zum gegenseitigen Verstehen beigetragen. Dabei ist mir jedesmal aufs neue deutlich geworden, wie verhängnisvoll, tragisch und quälend für Betroffene und ihre Angehörigen das Sich-nicht-verständlich-machen-können, aber auch das Nicht-verstanden-werden ist und sein muß. Es gehört deshalb für mich zum zentralen Anliegen der Seelsorge, mich angesichts der vielen inneren und äußeren Wände für ein weitestgehendes Verstehen und Verständlichmachen zwischen Menschen mit und ohne Psychoseerfahrung zu engagieren. Und ich finde es wichtig, daß dieser Prozeß des Sich-Verstehens und -Verständigens sich über den Kreis der Betroffenen, der Angehörigen und der professionellen Begleiter hinaus fortsetzt bis in die verschiedenen gesellschaftlichen Gruppierungen und Ebenen hinein, damit die verhängnisvolle Wand zwischen sogenannten Gesunden und sogenannten Erkrankten in unserer Gesellschaft, d. h. in den Familien, in der Nachbarschaft, in den Vereinen, in der Arbeitswelt, in den Kirchen, in den Kommunen, in den Schulen, in den Städten niedriger werden kann.

Die Gottesdienste, in denen die vorliegenden Predigten gehalten wurden, finden, wenn auch in bescheidenem Rahmen, auf diesem Schnittpunkt zwischen Klinik und Gesellschaft statt. Es ist ein öffentlicher Gottesdienst, zu dem jede und jeder Zutritt hat. An ihm nehmen Patientinnen und Patienten der Klinik, gelegentlich auch begleitende Mitarbeiter der Klinik, zum Teil Bewohner und Bewohnerinnen aus anderen Heimen und Häusern Bethels, und nicht erkrankte Besucher aus der näheren oder ferneren Umgebung auch außerhalb Bethels teil. So sind die Gottesdienste schon durch die Zusammensetzung der Teilnehmer und Teilnehmerinnen so etwas wie ein Beitrag zur Überwindung der Mauer zwischen »Gesunden« und »Erkrankten«.

Psychiatrie ist ein exemplarischer Ort in unserer Gesellschaft. Psychiatrische Kliniken liegen sehr oft abseits einer Stadt, abseits einer Kommune. So auch die Klinik Gilead IV. Sie liegt am Ende eines landschaftlich herrlichen Seitentals fernab der Stadt und verkehrsmäßig nur schwer zu erreichen. Wer hier Zuflucht sucht oder »eingeliefert« wird wegen einer psychischen Krise oder einer psychiatrischen Erkrankung, ist nun ausgegrenzt aus dem Lebenszusammenhang der Stadt-, der Wohn-, Arbeits- und Freizeitumgebung. Die Lage Psychiatrischer Kliniken erinnert schon durch die Wahl des Ortes oft an den draußen vor der Stadt Gekreuzigten.

Menschen mit psychischer Erkrankung sind dazu verurteilt, die in ihr Leben hereingebrochene Krise als solche wahrzunehmen und dann oft in einem jahrelangen Prozeß mühsam zu bewältigen und dabei immer wieder zu scheitern, Rückschläge einzustecken und immer wieder von neuem anzufangen. Psychisch Erkrankte müssen es aushalten, oft über Monate hin keinen Fortschritt zu sehen. Wieviel Lebensmut, Lebenswille, Lebensenergie gehören dazu, gegen die eigene Depression, gegen das eigene Nicht-mehr-leben-wollen, gegen das eigene Nicht-mehr-leben-können anzugehen. Wahrscheinlich ist es die Schwere dieses Schicksals, die die Gesellschaft veranlaßt, Menschen mit dieser Lebensproblematik an den Rand zu drängen und auszugrenzen. Sie grenzt damit aber auch die Anteilnahme an der Auseinandersetzung und an den Bewältigungsversuchen in solchen Lebenskrisen aus.

Im Gottesdienst der Psychiatrie kommen diese ausgegrenzten Lebenskrisen und ihre Bewältigungsversuche zur Sprache.

Gleichzeitig spiegeln diese Gottesdienste aber auch etwas von der Schwierigkeit und Belastung, die psychotische Erkrankung für das Leben und Zusammenleben von Menschen bedeuten können. Psychiatriegottesdienste sind allemal ein Wagnis.

Anfangs habe ich mich vor unberechenbarem Verhalten, vor Unruhe, Zwischenrufen und Störungen gefürchtet. Inzwischen habe ich etwas mühsam gelernt, mit dieser »Störanfälligkeit« des Psychiatriegottesdienstes zu leben. Und manchmal gelingt es, »Störungen« als Chance zu sehen und für eine Kommunikation im Gottesdienst zu nutzen.

Der befürchtete Nachteil eines Gottesdienstes in der Psychiatrie kann sich dann gelegentlich in einen Vorteil verwandeln: Die TeilnehmerInnen sagen, was ihnen nicht paßt, wenn ihnen etwas unverständlich ist oder zuviel wird und auch, wenn sie berührt sind. Sie sagen es mit Worten, mit Gesten, mit spontanen Beiträgen oder auch mit Hinausgehen und Wiederhereinkommen.

Immer wieder habe ich die Sorge, daß ich der Schwere des Schicksals der Menschen, zu denen ich rede, nicht gerecht werden kann – und mache doch oft auch gegenteilige Erfahrungen: z. B. daß jemand in die Predigt hinein sagt: »Das kenne ich«, oder: »Ja genau! So ist es bei mir!« Und manchmal ist das, was in der Predigt erzählt wird, derart hautnah, daß die Menschen im Gottesdienst unmittelbar und mit starker Gefühlsbeteiligung reagieren. So erhob sich zu Beginn der Predigt »Die Krankheit, Erster sein zu müssen« ein vielstimmiges erschütterndes Wehklagen beim Beschreiben des Übergangs von der Welt der »Gesunden« zur Welt der Klinik. Der Gottesdienst wurde zum Ort spontaner Klage, in der der unerträgliche Schmerz erlittener und zum Teil erzwungener »Übergänge« (Einweisungen) zum Ausbruch kommen konnte, und zwar Solidarität stiftend: Menschen faßten sich an und weinten gemeinsam. Es kann sein, daß ich an einer solchen Stelle die Predigt abbreche und mit den Betreffenden über das spreche, was sie erschüttert, empört oder bedrückt. – Manchmal muß nur für ein paar Augenblicke dem Klagen oder dem Protest Raum gegeben werden. Danach kann ich die begonnene Geschichte weitererzählen. Aber ich erzähle nun anders. Was sich da zwischen uns im Gottesdienstraum ereignet hat, gibt allem, was ich jetzt zu erzählen habe, einen anderen Klang: Gottesdienst als der Ort, wo in dem kleinen Raum unter den 25 bis 40 dort versammelten Menschen die Geschichten des Lebens zur Sprache kommen können. Dabei haben die Lebensgeschichten der Menschen in der Klinik, die Geschichten ihrer Lebens-, Welt- und Gotteserfahrung für mich oft den Rang biblischer Geschichten. Was *sie* zu erzählen haben von erlittenem, gescheitertem und bewältigtem Leben, hat mich in meiner eigenen Lebenssicht nachhaltig geprägt. Deshalb habe ich in der Mitte meiner Predigtreihe unter dem Leitwort »Lebenskreuz« die Lebensbilanz eines »Psychose-Erfahrenen« aufgenommen, in der Hoffnung, daß seine erzählte Lebensgeschichte mit dazu beitragen kann, die Wand des Nichtverstehens durchlässiger zu machen.

Diese Predigten richten sich an Menschen auf beiden Seiten der »Wand«. Denn ich bin überzeugt, daß die Lebensthemen der Menschen innerhalb der Klinik und der Menschen außerhalb der Klinik letztlich die gleichen sind.

Wenn Sie weiterlesen möchten...

Michael Nüchtern

Was heilen kann

Therapeutische Einsichten aus biblischen Geschichten.

Biblische Geschichten machen sensibel für das Prozeßhafte der Lebenskrise Krankheit und bieten Material dafür, die eigene Lebensgeschichte zu entziffern. Der Autor meditiert und interpretiert neutestamentliche Heilungsgeschichten und gewinnt aus ihnen therapeutische Einsichten.

Christel Gottwals

Wie das Licht eines neuen Tages

Gedanken und Geschichten zum Besinnen.

Die Leser werden eingeladen, zu entdecken, was Gott mit dem Leben heutiger Menschen zu tun hat. Seine Nähe soll beispielhaft erfahrbar werden: Durch Geschichten, Szenen und Bilder, aber auch durch eigene Erlebnisse der Autorin. Schmerzliche Erfahrungen sind ebenso Thema wie Momente des Glücks.

Udo Hahn

Sinn suchen – Sinn finden

Was ist Logotherapie?

Immer mehr Menschen geraten in Lebenskrisen, obwohl sie keine sozialen Sorgen haben. Die Unfähigkeit, das eigene Leben von einer sinnvollen thematischen Mitte her zu gestalten, führt zu einer typischen Krankheit unserer Zeit. Viktor E. Frankl verfolgt mit seiner Logotherapie das Ziel, den Ratsuchenden durch Erziehung zur Verantwortung für den Nächsten aus ihrer Sinnkrise zu helfen. Frankls Logotherapie ist offen für Religion.

VANDENHOECK TRANSPARENT

Alle Bände kartoniert,
ca. 128 Seiten

37: Thomas Schleiff
Verse über die Ferse ...
Heitere christliche Körperkunde
1996. ISBN 3-525-01815-0

36: Hans-Joachim Thilo
Unter den Narben tut es noch weh
Gratwanderung einer Generation. Mit einem Vorwort von Richard Riess
1996. ISBN 3-525-01814-2

35: Jürgen Guthke
Intelligenz im Test
Wege der psychologischen Intelligenzdiagnostik
164 Seiten mit 15 Abb.
1996. ISBN 3-525-01725-1

34: Ulrike S. / Gerhard Crombach / Hans Reinecker
Der Weg aus der Zwangserkrankung
Bericht einer Betroffenen für ihre Leidensgefährten
1996. ISBN 3-525-01724-3

33: Udo Rauchfleisch
Musik schöpfen, Musik hören
Ein psychologischer Zugang
1996. ISBN 3-525-01723-5

32: Michael Pabel
Drei Minuten über Gott und die Welt
Impulse und Besinnungen
1996. ISBN 3-525-01810-X

31: Margaret Lincoln
Ich suche allerlanden eine Stadt
Stationen einer Pilgerreise
1996. ISBN 3-525-01807-X

30: Harald Posininsky / Cornelia Schaumburg
Schizophrenie – was ist das?
Eine Krankheit und ihre Behandlungsmöglichkeiten
1996. ISBN 3-525-01722-7

29: Rudolf Köster
Das gute Gespräch
Gesunden und Wohlbefinden im Dialog
1996. ISBN 3-525-01721-9

28: Leopold Rosenmayr
Altern im Lebenslauf
Soziale Position, Konflikt und Liebe in den späten Jahren
1996. ISBN 3-525-01720-0

27: Christoph Schenk
Bewußtsein und Schlaf
Ein Brevier zur Entspannung
1996. ISBN 3-525-01719-7

26: Martin Koschorke
Die Liebe in den Zeiten der Wende
Aufzeichnungen aus der Eheberatung
1995. ISBN 3-525-01813-4